HR入行宝典

老HR手把手教你从入门到不可替代

宋文艳◎著

浙江工商大学出版社 | 杭州
ZHEJIANG GONGSHANG UNIVERSITY PRESS

图书在版编目（CIP）数据

HR入行宝典：老HR手把手教你从入门到不可替代 /
宋文艳著. —杭州：浙江工商大学出版社，2019.10
ISBN 978-7-5178-3383-3

Ⅰ.①H… Ⅱ.①宋… Ⅲ.①企业管理—人力资源管
理 Ⅳ.①F272.92

中国版本图书馆 CIP 数据核字 (2019) 第 165388号

HR入行宝典：老HR手把手教你从入门到不可替代
HR RUHANG BAODIAN: LAO HR SHOUBASHOU JIAONI CONG RUMEN DAO BUKETIDAI
宋文艳　著

责任编辑	徐　凌
封面设计	新艺书文化
责任印刷	包建辉
出版发行	浙江工商大学出版社
	（杭州市教工路 198 号　邮政编码 310012）
	（E-mail:zjgsupress@163.com）
	（网址 :http://www.zjgsupress.com）
电　　话	0571-88904980　88831806（传真）
排　　版	新艺书文化
印　　刷	北京军迪印刷有限责任公司
开　　本	787mm×1092mm 1/16
印　　张	16
字　　数	176千
版 印 次	2019年10月第1版　　2019年10月第1次印刷
书　　号	ISBN 978-7-5178-3383-3
定　　价	58.00 元

目 录
Contents

第一章
HR 的职业生涯规划与求职规划

HR 岗位的历史、现状和未来 / 003

人力资源的由来和发展简史 / 003

人力资源的传统六大模块与外企的人力资源模块 / 005

人力资源管理面临的问题和挑战 / 007

目前的人力资源管理技术及未来的人力资源发展趋势 / 008

做 HR 必备的行业知识 / 012

男女都怕入错行——确定行业的重要性 / 012

选行业的几个重要的评价指标 / 013

中国 17 个行业清单 / 014

未来 10 ～ 20 年中国最有发展前景的行业 / 018

做 HR 必备的职业知识 / 020

关于职业的一个真理 / 020

中国目前职场常见的职业清单 / 024

如何深入了解一个职业 / 026

快速了解职业的三大方法 / 031

做 HR 必备的企业和岗位知识 / 035

HR 在企业的不同发展阶段的定位 / 035

HR 的角色定位与企业发展阶段密切相关 / 038

HR 在企业中的组织架构设置 / 040

企业类型决定了企业文化和 HR 的工作风格 / 041

企业常见的岗位设置 / 044

HR 会被人工智能替代吗 / 044

做 HR 前对工作的正确认知 / 046

到底什么工作才是一份好工作 / 046

人生的第一份工作到底重不重要 / 047

分阶段实现职业目标和人生目标 / 050

你真的适合做 HR 吗 / 053

人力资源工作是你的职业兴趣所在吗 / 054

什么性格的人适合做 HR / 055

职业价值观 / 057

能力——构成职业的核心要素 / 059

职业定位——你确定要做 HR 吗 / 065

做职业决策的一个好方法——设想五年后的你在干什么 / 066

我的分享——我为什么会选 HR 作为终身职业 / 069

HR 新人入行的生涯困惑和求职规划 / 072

到底要不要考人力资源管理师证书 / 072

专业不对口或以前不是做这个行业的人是否可以做 HR / 074

需要考研吗？本科和研究生学历对入行 HR 有什么区别？如果想考研，选什么专业呢 / 075

就业时选择考公务员、去国企、去事业单位还是去企业任职 / 077

选择去已具规模的大企业还是去小企业甚至初创型的小企业 / 081

是图 HR 职称好听还是图一个更适合的 HR 岗位 / 085

关于工作城市选择的建议 / 086

第一份 HR 工作从哪个 HR 模块起步 / 088

职场人想转行去应聘 HR 岗位，要提前准备什么 / 089

选择做什么行业的 HR 最好 / 090

招聘经理最喜欢录取什么样的大学生 / 091

HR 新人入行后的职业发展规划 / 095

HR 职业成长路径：HR 专员→主管→经理→总监→副总 / 095

HR 要有终身学习的理念 / 095

HR 职业道德规范 / 097

成为一名才貌双全的 HR / 101

HR 未来职业发展方向的可能性分析与提前规划 / 103

第二章

现身说法——资深 HR 经理告诉你 HR 入行和成长的秘密

第一位导师：宋娟娟 / 112

第二位导师：袁泉 / 118

第三位导师：胡晓红 / 127

第四位导师：曾陈 / 133

第五位导师：熊宏 / 141

第六位导师：彭燃 / 151

第七位导师：王蓓 / 159

第八位导师：顾丹丹 / 164

第九位导师：冯雅琼 / 171

第三章

HR 新人必备的基本功——劳动法律法规

学习劳动法律法规的四个正确观点 / 184

劳动法律法规是 HR 工作的基本功，每一个 HR 都要学且学好 / 184

要集中化、密集化、系统化学习劳动法律法规知识和应用技能，再碎片化学习 / 185

要成为一个既懂劳动法律法规，又懂 HR 专业的复合型人才 / 185

劳动关系管理模块应该分为劳动关系管理和员工关系管理 / 187

七步学习劳动法律法规 / 190

第 1 步：建档，准备好我国所有的劳动法律法规大全 / 191

第 2 步：逐条学习劳动法律法规 / 199

第 3 步：劳动法律法规条款记忆测试 / 214

第 4 步：常见的 100 个劳动纠纷案例学习 / 215

第 5 步："从入职管理、在职管理到离职管理"全流程实操运用劳动法律法规 / 223

第 6 步：学习后的行动计划——输出倒逼输入 / 225

第 7 步：欢庆时刻 / 226

HR 新手最容易出错的 20 个劳动法律法规问题 / 227

问题 1：为什么要制订录用条件？ / 227

问题 2：劳动者不与用人单位订立书面劳动合同的，用人单位该如何处理？ / 228

问题 3：什么是服务期协议？服务期年限怎样确定？劳动合同期限与服务期不一致应如何处理？ / 228

问题 4：在什么情况下，劳动者违反服务期协议无须支付违约金？ / 229

问题 5：在什么情况下，用人单位解除服务期协议，劳动者仍需支付违约金？ / 230

问题 6：用人单位未支付竞业限制补偿金，竞业限制协议的效

力如何认定? / 230

问题 7 : 用人单位应按何种标准支付竞业限制的经济补偿? / 231

问题 8 : 变更劳动合同的前提条件是什么? / 231

问题 9 : "劳动合同订立时所依据的客观情况发生重大变化" 主要是指哪些方面? / 232

问题 10 : 用人单位股东、法人变更的,是否会影响劳动合同的履行? / 232

问题 11 : 在试用期内,用人单位能否随时解除劳动合同? / 233

问题 12 : 女职工在孕期、产期、哺乳期间,用人单位能否与其解除、终止劳动合同? / 234

问题 13 : 劳动合同期满后,用人单位不及时提出续订会有什么后果? / 235

问题 14 : 劳动者单方解除劳动合同,哪些情况下用人单位需支付经济补偿金? / 235

问题 15 : 用人单位单方解除劳动合同,哪些情况下需支付经济补偿金? / 236

问题 16 : 用人单位单方解除劳动合同,哪些情况下可以不支付经济补偿金? / 237

问题 17 : 劳动合同终止,哪些情况下用人单位需要支付经济补偿金? / 237

问题 18 : 劳动合同终止,哪些情况下用人单位无须支付经济补偿金? / 238

问题 19 : 如何计算经济补偿金? / 238

问题 20 : 经济补偿金的月工资数额如何确定? / 239

劳动法律法规后续学习的建议及我的期望 / 240

我的建议 / 240

我的期望 / 241

参考文献 / 243

HR 的职业生涯规划与求职规划

HR 岗位的历史、现状和未来

人力资源的由来和发展简史

HR 是 Human Resource 的缩写，中文翻译为"人力资源"，常用来指"人力资源管理"，即通过招聘、甄选、培训、薪酬、绩效、员工关系等管理形式，有效运用组织内外相关人力资源，保证组织目标实现、促进成员发展的管理活动。

18 世纪至 19 世纪，资本主义国家发生工业革命，资本主义制度建立，出现雇佣关系。到了 19 世纪末，人口和市场需求的膨胀促进了生产发展，机器取代人力，效率提高，便自然而然地出现了以"工作"为中心的人事管理。1954 年，现代管理学之父彼得·德鲁克在其著作《管理实践》中提出人力资源管理的概念并对其加以明确界定。20 世纪 80 年代末至 90 年代初，大批跨国公司来到中国开厂并设立办事处、公司，同时带来了先进的人力资源管理理念。

我 1994 年大学毕业，1995 年进入百事公司，1997 年进入飞利浦集团人力资源部，算是正式入行。我应该是中国第一批外企的人力资源从业者，当时，好多国企还将人力资源部门叫"劳资科""人事科"。随着科技的进步和社会的发展，人们的需求发生了重大变化，这也促使人们在人事管理方面运用个性化管理手段，注重对人的尊重和人性管理、对人的关怀和柔性管理——以人为本的人力资源管理由此而来。

更多有关人力资源管理的理论知识体系，是每一个想进入这行的新人都要专门花时间和精力去学习了解的，因为每个人的成长都需要"专业知识能力""实践操作能力"和"自我管理能力"。专业知识能力是分析问题的前提，是入行从事某项工作的基础。我推荐想进入人力资源行业的新人学习国家人力资源和社会保障部推出的企业人力资源管理师资格考试相关教材，可以从四级和三级开始看，或直接考一个政府认可的从业资格证。实践操作技能是解决问题的核心，我有一套跟以上教材配套的"人力资源实操入门课程体系"，是我 24 年一线 HR 实操经验的总结与提炼，大家可以参考学习。自我管理能力决定了一个人能否在一个领域取得长足的发展，它包括积极的人生观、随时随地的自我觉察、时间管理、目标管理、终身学习的理念等。本书的定位是一本 HR 实操书，所以，我更侧重后两个方面。

人力资源的传统六大模块与外企的人力资源模块

2003 年，当时的国家劳动与社会保障部推出了企业人力资源师资格认证考试，确定了 HR 六大模块，即人力资源规划、招聘与配置、培训与开发、薪酬管理、绩效管理和劳动关系管理。好多新人入行第一步就是先考这个官方的资格证书。

我在三家跨国公司工作过，因此对外企的人力资源模块比较熟悉。外企关于 HR 的模块会分得更细，主要有战略性人力资源规划、人力资源制度与规范、招聘甄选与配置、薪酬社保管理、福利管理、绩效管理、培训管理、员工职业生涯规划管理、劳动关系管理、企业文化、团队建设和员工关系管理，一共 12 个模块。在这 12 个模块中，外企的 CEO 最看重 HR 的工作绩效产生在企业文化、团队建设、员工关系管理这几个模块中。在我 12 年的外企 HR 工作经历中，有 8 年一直在员工招聘及员工关系经理这个岗位上。

这 12 个模块对应的 HR 工作岗位有：

1. 人力资源专员 / 助理、人力资源主管、人力资源经理、人力资源总监。

这 4 个岗位是人力资源行业中最常见的岗位，一般新人入行后从文员 / 专员 / 助理做起，3 ～ 5 年晋升到主管，5 ～ 8 年晋升到经理，8 ～ 15 年晋升到总监。也就是说，一个新人从入行开始，需要 8 ～ 15 年的时间才能从 HR 新人变成资深的 HR 总监。当然，HR 的职务叫什么不重要，重要的是能力和水平与你的职位相匹配。

2. 在一些成熟的大型或超大型公司，会细分 HR 岗位：招聘专员 / 助理、招聘主管 / 经理、薪酬福利专员 / 助理、薪酬福利主管 /

经理、培训专员／助理、培训主管／经理、绩效专员／助理、绩效主管／经理、员工关系专员／助理、员工关系主管／经理。

比如，我以前在沃尔玛工作时，一家门店有 500 多名员工，HR 部门的编制是 7 个人：1 名 HR 经理；1 名招聘及员工关系经理（我入职时便属于这个职位），以及 1 名下属，职务是招聘及员工关系主任；1 名薪酬绩效经理，以及 2 名下属，即薪酬绩效主任和考勤专员；还有 1 名培训主任。

3. 还有一些岗位，比如，企业内训师／讲师、人事信息系统（HRIS）管理、人力资源业务合作伙伴（HRBP）等。

大型企业因为员工数量众多，培训部需组建公司内部的内训师团队，所以会对外招聘讲师，或者在内部骨干员工和中高管中选拔既有经验又有授课能力的员工，然后外聘商业讲师做一些培训（TTT），从而建立自己的内训师团队。

能够招聘 HRIS 这个岗位的公司，肯定也是大型或超大型的公司，因为动辄员工上万的公司必须使用人力资源软件系统才能做好日常人力资源管理工作。

HRBP，即人力资源业务合作伙伴。HRBP 在中国业内已被广泛地谈论了好几年，我的观点是，HRBP 不是新事物。1997 年我入职飞利浦，当时飞利浦亚太区总部在中国香港。香港的人力资源总监带领她的 HR 团队做全公司的战略人力资源规划，将中国内地分成 7 个大区，7 个区域总部。而我是华中区的区域 HR 负责人，那时我天天跟营运团队在一起上班，为他们提供专业的人力资源服务，落实执行总部的各项政策制度。其实那时我就是个不折不扣的 HRBP。

最近几年，社会上突然开始热炒 HRBP 的概念，其中最大的问题就是大家把 HRBP 这一工具当成了目的。其实，每一名 HR 一入职就是 HRBP，概括他们的工作特点，就是略懂业务，并和市场、销售、营运团队打成一片。

人力资源管理面临的问题和挑战

从人力资源管理的发展历程来看，19 世纪末出现的"人事管理"是以"工作"为中心的人事管理方法。当时的背景是人口和市场需求的膨胀促进了生产发展，用机器取代人力的高效率工作方法改变了管理面临的首要问题。这个时期出现了泰勒的科学管理思想、赫茨伯格的"比因素理论"和马斯洛的"需求层次理论"。

20 世纪 70 年代中期，"人力资源管理"一词被欧美企业接受，20 世纪 90 年代初期，"人力资源管理"因为大量欧美外资企业进入中国而被国人熟知。我在百事公司工作的一年半时间里，做了一些招聘和薪酬方面的工作，而让我真正进入 HR 行业的标志其实是 1997 年进入飞利浦，从此我一直在这个行业工作。这 20 余年也是中国人力资源管理飞速发展的 20 余年，各种相关理论、工具、方法层出不穷，但若去问问 80% 的 HR 从业者的从业感受，大家好像过得并不开心，委屈、辛苦、无助、郁闷，大多数人都备感压力与无奈。为什么会出现这种情况，我们可以从两方面来分析。

外部因素：社会和企业

（1）企业发展阶段决定了部分企业老板对 HR 的重视程度不足。

（2）部分企业老板的视野、思维理念限制了 HR 的管理水平。

（3）企业管理者和员工的职业化素养与职业化能力的缺失。

（4）社会的诚信体系、契约精神的缺失。

▓ 内部因素：我们自己

（1）人力资源管理专业功底不扎实。

HR 是一个入门非常容易甚至可以说基本没有门槛的职业，八成从业者都是非专业出身，专业基础非常薄弱。但是，只要你足够热爱这份工作，在工作和充电学习中努力学习提升自己，就可以弥补这一缺陷。现在信息这么发达，线上线下培训机构这么多，无论是自学还是花钱培训都很方便。

（2）情商和人际关系经验不够丰富。

HR 工作就是一个和人打交道的职业，考察的是一个人的综合素质。HR 要与公司上司、同级、下属和谐相处，要用服务的心态做管理，唯有先改变自己再影响别人。

（3）职业化程度和职业化素养不高。

很多学校并没有教大家职业化素养、职业化技能及基本的职场礼仪。毕业生初入社会懵懵懂懂，还有一些独生子女家庭出身的孩子缺乏责任心和主动性等。

目前的人力资源管理技术及未来的人力资源发展趋势

▓ HR 的四个角色

戴维·尤里奇指出，人力资源部的四个角色是战略合作伙伴、管理专家、员工支持者和变革推动者。

第一，人力资源部应该成为高层经理和直线经理在战略执行过程中的合作伙伴，协助管理层制订企业的组织架构，带领大家提出建议，创造一些最佳实践。

第二，人力资源部应该成为任务组织和任务实施方面的专家，通过提供高效的行政支持，精简优化流程，采用新技术、新方法，既提高工作质量又降低相关成本。

第三，人力资源部应该成为员工的坚强后盾，积极向中、高层管理者反映员工的顾虑和担忧，同时努力激励员工为公司多做贡献，即提高员工对公司的投入度和创造价值的能力。

其实，我的 HR 实践告诉我，还有一个重点，那就是人力资源部要培训、指导各部门主管、经理，促使他们提高人力资源管理领导力，学会激励员工，让员工保持高昂士气。

第四，人力资源部应该成为公司持续变革的推动者，通过流程重组和文化再造来增强公司的变革能力。比如领导力培养计划、组织人才盘点、人才储备计划等公司变革项目。

HR 三支柱

1996 年，戴维·尤里奇提出了"HR 三支柱"的概念，三支柱主要有三个部分，即人力资源共享服务中心（HRSSC）、人力资源业务合作伙伴（HRBP）、人力资源专家（HRCOE）。如果把人力资源部门看作一个公司，HRCOE 是研发，负责开发和改进产品；HRSSC 是生产，负责在流水线上生产产品；HRBP 则是销售，负责卖产品，把人力资源服务销售给业务部门。

事实上，HR 三支柱这个概念并不新鲜。1997 年我入职飞利浦时，HR 团队有 6 名成员，当时我们最主要的工作职责就是定战略、定政策、定规章制度。其实，从 HR 三支柱角度看来，我们的主要工作内容就是负责公司的人力资源管理政策体系、制度规范在各业务单元的推行落实，协助业务单元完善人力资源管理工作，并帮助培养和发展业务单元各级干部的人力资源管理能力。

同时，我还担负另一个支柱的职能，就是给营运一线的同事提供咨询服务，用我的专业知识回复同事们关于人力资源六大模块内的所有问题，并做到有问必答。只不过当时互联网没现在这么发达，我们的回复方式更多采用的是线下会议、视频会议、传真、电话、邮件、面对面交流甚至茶水间的小憩、楼下咖啡厅的小聚等方式。因为与一线营运同事有了这么多渠道沟通交流，我们也可以收集到很多一线的消息，然后反馈给总部的 HR。总部 HR 也因此可以每年更新制度或开发新政策，给公司的营运提供更好的支持和服务。

▓ 人力资源管理未来的发展趋势

（1）在中国 GDP 增长速度趋缓的情况下，会有更多的企业采取保守的管理方式，采用优化内部人员结构、降低人工成本、提高个体的绩效产出等管理措施。

（2）人力资源外包已日益成为众多企业的选择，其目的是减轻企业的成本压力，提高企业的绩效水平，建立企业竞争优势。这意味着越来越多的人力资源角色将变得更专业化和技术化。

（3）以客户为导向的人力资源管理理念，视员工为服务的对象，站在员工需求的角度，以新的思维来对待员工，以营销的视角来开发组织中的人力资源管理活动，通过提供令顾客满意的人力资源产品与服务，来吸引、保持、激励和开发企业所需的人力资源。越往后，对管理者的能力要求会越来越高，我断言："偶像实力派"的管理者会越来越受员工欢迎。

（4）职业生涯规划变得更加重要，企业文化决定人才去留，靠企业文化和价值观招人、留人。员工学习成长方式多样化，但企业的学习预算很难再增加，愿意自己去掏腰包学习的职场人，个人的成长速度如果超过公司的成长速度，优秀员工的离职率会越来越高。

（5）数据化管理的工具与方法论近年来突飞猛进，人工智能甚至会替代 HR 的数据分析工作。

当然，人力资源管理未来的发展趋势不止这些。我们的当务之急是先入行，在日后的工作中，我们有大把的机会来感受和琢磨这些问题。总之，这是一个充满挑战且让人兴奋的职业。

做 HR 必备的行业知识

男女都怕入错行——确定行业的重要性

为什么说确定行业很重要

（1）只有先确定行业，才能找到这个行业中的企业。

（2）招聘经理喜欢录取热爱本行业的毕业生，作为 HR 的我们会通过面试问题考察应聘者：第一，你在大学四年中有没有确定自己未来最想从事的行业；第二，你在大学四年中为了自己热爱的行业做过哪些准备工作？如何准备的？结果如何？这些问题的答案背后，体现了一个人的思维模式、视野格局、目标管理、行动力等。

（3）确定了自己喜欢的行业后，在简历撰写和面试准备方面会更有针对性，这也可以避免海投简历，并能花更少的时间准备面试。

（4）假如你毕业后随便选择一个行业，两三年后你很可能发觉自己不喜欢这个行业。这时候想转行，不是说不可以，但从时间成本上看不划算。

选行业的几个重要的评价指标

1. 这个行业的现有和未来规模有多大？吴晓波老师曾说，只有水大鱼大，你的机会才会跟着增多。

2. 行业的发展趋势如何？比如，有了支付宝、网银，我们几乎再也不用去银行柜台排队拿号办业务了；中国在 2017 年出境旅行人次已经高达 1.72 亿人次；K12 教育一直是资本市场追逐的行业；养老产业将迎来大爆发；等等。

3. 行业特征会带来不同的工作状态。比如，在上海陆家嘴金融公司的豪华办公楼里的员工，每天必须西装革履，即使在 39℃ 的高温天气也要穿着正装去见客户。而在北京中关村的一家互联网公司里，可能 T 恤大裤衩双肩包就是很多人的标配。你喜欢在什么环境下工作？我在毕业前去国企实习了 3 个月后，毕业后果断放弃了国企的稳定工作，一个人跑出去面试。因为我不喜欢工厂那昏暗空旷的厂房，不喜欢机关里一张报纸一杯茶坐一天的闲散状态；我喜欢电视剧里面"高大上"的写字楼，喜欢办公室的人走路带风、说话干净利落直接的样子，喜欢面试我的老板穿着得体高档的西装，喜欢每天都有点不一样，喜欢节奏有点快的快消行业，因此我在职场 12 年，一直在快消和零售行业里工作。一个人的职业生涯只有 30 ～ 40 年的时间，在不喜欢的行业做不喜欢的工作，是人生的悲哀。

那么到底什么才是好行业？没有标准答案，因人而异，需要大家多多探索。一般来说，对人力资源要求高且能给较高人力资本溢价的行业是好行业。这样的行业有两点好处：一是入行就能拿到不错的收入。不啃老是美德，我们需要更多的钱让我们先在大都市里生存下来，然后再追求有尊严、有品质的生活。二是人均收入高的行业，一般给人的机会会比较多——公司会希望你尽快成长，有能力帮公司挣更多钱，这使从业者在就业初期便能获得很多机会。在这样的行业里面，付出同样多的努力，个人收获的知识更有价，挣的也更多。

中国 17 个行业清单

目前中国有 20 多个行业，95 大类，细分成 913 小类，我按照国家统计局的信息，列出下面 17 个行业，按照工资由高到低排序。大家可以借此清晰地了解各个行业工资的水平，希望这对大家选择行业起到一个参考作用。

▨ 中国 17 个行业清单

（1）信息传输、软件和信息技术服务业；

（2）金融保险业；

（3）科学研究和技术服务业；

（4）电力、热力、燃气及水生产和供应业；

（5）文化、体育和娱乐业；

（6）租赁和商务服务业；

（7）交通运输仓储和邮政业；

（8）卫生和社会工作；

（9）房地产业；

（10）批发和零售业；

（11）教育；

（12）采矿业；

（13）制造业；

（14）建筑业；

（15）水利、环境和公共设施管理业；

（16）居民服务、维修和其他服务业；

（17）住宿和餐饮业。

我在快消行业和零售行业工作过，对比发现，快消行业的工资明显高于零售行业。在"在行"App 上曾有一位找我做职业规划咨询的男生，他是加拿大金融本科"海归"，回到武汉，进了一家股份制银行，月薪 6000 元，这跟他付出的 100 多万元的学费相比，实在太低了。而另一位英国硕士"海归"，回国后收到武汉一家五星酒店的 offer，税前月薪 4500 元，包吃住。是他们所选择的行业决定了他们的薪水，有时这跟能力无关。在我看来，在我国，餐饮业工资水平可能是倒数第一，酒店业工资水平可能是倒数第二。大家看上面的行业排序可能会发现，这个排序里没有包括公务员和事业单位员工，如果硬要排序，估计他们大约排第 3 位或第 4 位。当然，我们一般讲职业时，是不太提它们的，因为它们跟企业的"玩法"不一样。

■ 快速了解行业的十大途径

在了解一个行业前，你要搞清楚一个根本问题：这个行业的链条是如何运转起来的？

这个根本问题里面包含这样几个问题：这个行业之所以存在，是因为它提供了什么价值？这个行业从源头到终点都有哪些环节？这个行业的终端产品售价都由谁制订？每个环节凭借什么关键因素、创造了什么价值获得它应得的利益？谁掌握产业链的定价权？这个行业的市场集中度如何？

对此，我总结了快速了解行业的十大途径：

（1）浏览专门做市场研究的网站，了解行业趋势；

（2）研究金融投资机构的行业分析报告、上市公司的财务报表；

（3）一、二线的大城市有非常多的细分行业的管理咨询公司，上这些公司的官网、公众号查阅咨询师们写的相关文章、咨询报告及出版的相关书籍，查阅公司的内部刊物；

（4）浏览行业交流网站或论坛的相关精华帖子；

（5）阅读行业内知名大公司 CEO 写的自传、演讲稿和内部培训课件；

（6）参加行业展会或论坛；

（7）读几本相关行业的综述性书籍；

（8）确定行业内 TOP10 企业名单，并上网查询其官网和所有相关信息，还要关注名单排序的标准，以及近几年排名的变化；

（9）利用现在的一些知识付费约见平台，约见某个行业或领域的专家，面对面咨询，同时结交高端人脉，他们很可能就是你的职场贵人；

（10）上类似前程无忧、智联招聘、中华英才、猎聘网这样的综合性招聘网站，利用职位筛选功能，查看行业介绍、行业的薪资范围。

快速了解一个行业的相关情况，能够使自己更好、更快速地在这个行业中运用专业知识和技能。这里的关键在于你要把自己的专业、技能、知识、经验和这个行业的情况相结合，提出别人没有提过的见解。所以，在做好前面的功课之后，你至少应该给自己留出时间来回答这三个问题，并可以在面试时寻找适当的时机将这三个问题的答案展示出来：

（1）这个行业所面临的痛点有哪些？

（2）哪些痛点对于业内人士来说是最紧迫的？

（3）如何把自己的专业知识和技能与这些痛点结合起来？

当然，作为新人的你，回答得可能不够完美，甚至在专业人士眼里，你的答案还显得很幼稚，但这些答案会很讨面试官的喜欢，你未来的老板也会因此喜欢你。这就能够帮助你赢得跟这些优秀的人一起工作的机会。

行业分类如此之多，而每一行的现状和发展前景都不一样，职业发展是人生发展的重要组成部分，因此，慎重选择行业无比重要。

未来 10～20 年中国最有发展前景的行业

我参加过很多场投资公司的年会，在这些年会上，大家不约而同地提到，未来最有发展的行业产业有云计算、大数据、虚拟现实、人工智能、3D 技术、无人机技术、机器人、新能源、新材料、生物技术与生命科学、医疗器械、互联网医疗、健康养老、体育、文化娱乐、教育等。

同时，投资人的观点还有：

1. 移动互联网、云计算、人工智能、大数据等相关技术在中国的应用场景空间最为广阔，与传统产业融合的空间巨大，一定会产生一批世界级企业；

2. 互联网技术改造所有的传统服务业，在消费升级大背景下机会多多；

3. 智能技术改造所有的传统制造业；

4. 互联网技术扩展了文化产业的内涵，广义上的文化产业包括新媒体平台、直播平台、内容 IP、教育 / 知识付费、游戏、体育、音乐、影视、会展、赛事活动等。

2018 年我受邀参加一家传统行业公司的年会，其主题就叫作"未来已来"。未来的变化方向未定，但我们可以肯定的是，这个变化会越来越快。我们应该做什么工作，才能应对这个不确定的未来？其实，在每个人的一生中，几乎都会经历 3～4 次的职业变迁，我们要多培养自己的可迁移能力。应对未来，最好的做法就是提升自己的格局视野、思维能力和学习力。我一直强调，一个人要把自己当成一家公司去经营，要有愿景、使命、价值观，要有人生战略目标，要有年度 KPI 目标和月度行动计划。本书中有专门介绍个人职业生涯规划的章节，大家可以仔细阅读。

做 HR 必备的职业知识

关于职业的一个真理

许多人认为，自己在工作中不快乐的原因是自己在做自己不喜欢做的事情。其实，工作不快乐的原因不是没兴趣，而是自己的能力不够。一个人没有能力把手上的工作做好，得不到上司的认可和肯定，当然会不快乐。

没有人喜欢自己做不好的事情，每个人都会不自觉地尽量回避自己的短处。所以，如果工作不开心，先问下自己，我不喜欢目前的工作是因为真的不喜欢，还是自己做不好目前的工作，没有成就感？如果自己能够把工作做得很好，但就是不喜欢，没兴趣，这时你才需要探索自己的职业兴趣。

我们往往羡慕别人的职业，自认为自己真正感兴趣的工作就是别人正在做的工作。事实上，你看到的都是别人的工作的光环，却忽略了那些工作的实质。如果真正开始做那份曾经让你羡慕的工作，你会发现，那份工作并没有你想象得那么美好。

网上有一个从业者和非从业者对于不同职业的不同看法的段子，写得挺有意思。

公务员

羡慕者说：公务员是永远都不用担心失业的职业，是从父母辈到"95后"都在热追的铁饭碗。工作压力小，社会地位高，什么时候都饿不死、累不着。

从业者说：公务员做的是琐事，操的是杂心。工作内容程式化，工作环境压抑缺少活力，说话办事都要小心谨慎。人际关系复杂，现在管得严，没以前好混了，大年三十那天下午4点钟还有暗访组检查看有没有人溜号。程式化的工作往往埋没了从业者的真实才华。

教师

羡慕者说：当教师多好，还有寒暑假。跟学生打交道，既单纯又美好。

从业者说：如果你是一名大学老师，讲课之外，还要写论文，没有发表论文，职称就泡汤了。如果你是一名小学老师，光是被一个班几十个孩子吵吵一天，就不知要死多少脑细胞。当初中老师也不容易，每天面对的全是叛逆期的小青年。

飞行员 / 空乘

羡慕者说："打飞的"不要钱，去世界各地旅行。

从业者说：你很难想象，因为高空作业，空乘有多少职业病——

肌腱炎、尿道炎、静脉曲张，甚至子宫下垂！遇到格外挑剔的乘客，说不定还会闹出点心理疾病来。

律师

羡慕者说：凭借尖牙利嘴，说几句话就能赚大钱；时间自由，不想接案子的时候就能休息。

从业者说：案源压力大啊，如果你没有特别的专长，你的案子随时会被别人抢走。没有案源，就没有一切。刚入行的小律师要被市场"削"10年，只有拥有个人品牌后才能有好日子过。

医生

羡慕者说：多好的职业，救死扶伤，工资老高了！

从业者说：这就是高风险、高体力的医疗活动，还得具备应对患者各种手术并发症的心理准备，需要随时应对患者或家属的不满、医闹和医疗纠纷。

编辑/记者/媒体

羡慕者说：不用坐班、时间自由，能一觉睡到自然醒；每天接触新人新事，工作永远充满新鲜感。

从业者说：没有坐班时间，就没有下班时间，24小时手机开机随时待命，通宵达旦写稿简直是工作常态——没错，没有周末是必须的，当"夜猫子"是必须的，纸媒越来越不景气，都要失业了。

HR

羡慕者说：你们做人力资源的多好，工作不累，贴几个招聘，发发工资，还是公司高管，开会老坐在老板旁边。

从业者说：你自己来做做试试，招聘通知20个人只来仨。好不容易把人招全了，入职培训两天结束后，又走了一半。HR有时候是坏人（huài rén），有时候是好人（hǎo rén），有时候要害人（hai ren），有时候还要哄人（hǒng rén），有时候又要换人（huàn rén）。我们自己调侃自己，原来 HR 有这么多内涵呢！做个 HR 容易吗?!

以上关于 HR 这一段不是网上写的，是我加的。对，这就是真实的职场。当很多人放弃原来的工作，转行去做新的工作，也就是去做所谓自己真正感兴趣的工作时，他们最终会发现，想做好这个工作，同样困难重重，挫折不断。没过多久，这些人又会因为做不好这个工作而失去兴趣，然后开始幻想做别的工作，于是，他的简历上就会写着 10 年做了 8 份不同行业不同工种的工作。就如我最近做完的一个一对一的职业规划咨询，咨询者的简历如下：36 岁，工龄 14 年，目前还是办公室里的一个普通行政文员，在武汉月薪 3500 元。以往的工作经历是，做过外贸跟单，做过客服，做过出纳，做过行政。

刚毕业的年轻人要想直接从事自己感兴趣的工作，大多数还是有难度的。更重要且更符合现状的一句话是："做好手头的事，做好了才有兴趣。"职场上好多工作都是熟能生巧的，等你提升能力了，做好了，达到了老板的要求，甚至超出了老板的期望，得到了老板的表扬和赞赏，你就会获得职业成就感，自然对这份职业更喜欢、更擅长了，你的收获也会更大。这样的良性循环就对了。

现在年轻人大学本科毕业时一般是 22 岁，在刚毕业的 2 ～ 3 年内可以换一些行业和职业，亲身体验下自己向往的各个行业的工作内容。大约到 25 岁，就需要确定自己最喜欢、最擅长的行业和职业了。然后一头扎进去，用 8 ～ 10 年精修，刻意练习 1 万个小时，打造自己的核心竞争力。

我大学学的是会计统计专业，这个专业不符合我的兴趣、能力和价值观，我也不喜欢按父母和学校的安排去国企做会计，于是我毅然转行做 HR。从头两年天天被老板骂哭，到 7 年后成长为独当一面的外企区域 HR 经理，再到 12 年后用所有的行业积累白手创业，我成了自己喜欢的样子。其实，有了 22 ～ 32 岁的 10 年行业积累，我之后的职业规划——无论是继续在企业做 HR 总监还是出来创业——都是水到渠成的事情。我 42 岁以后的生涯规划，也因为有了前面 20 年的积累，比一般人从容得多，美好得多。

中国目前职场常见的职业清单

收集感兴趣的职业信息是职业生涯规划和求职规划的核心部分。我们生活在一个信息高度发达的社会，可信息来源太多太杂，在求职市场上也是如此。职场新人如何最大限度地搞清楚社会上到底有多少职业可供选择？我给大家支一招，你只需要打开一个综合性的招聘网站，比如前程无忧、智联招聘、中华英才网等，选择北京、上海、广州、深圳等一线城市，你就能看到市场上常见的岗位目录。

目前职场常见的岗位有：

1. 计算机 / 互联网 / 通信 / 电子：计算机软件、计算机硬件、互联网 / 电子商务 / 网游、网店淘宝、IT 管理、IT 品管、技术支持及其他、通信技术开发及应用、电子 / 电器 / 半导体 / 仪器仪表。

2. 销售 / 客服 / 技术支持：销售管理、销售人员、销售行政及商务、客服及支持。

3. 会计 / 金融 / 银行 / 保险：财务 / 审计 / 税务、金融 / 证券 / 期货 / 投资、银行、保险。

4. 生产 / 营运 / 采购 / 物流：生产 / 营运、汽车制造、服装 / 纺织 / 皮革、贸易、质量安全、技工普工、印刷包装、物流 / 仓储、工程 / 机械 / 能源、机械机床、采购、汽车销售与服务。

5. 生物 / 制药 / 医疗 / 护理：生物 / 制药 / 医疗器械、化工、医院 / 医疗 / 护理。

6. 广告 / 市场 / 媒体 / 艺术：广告、公关 / 媒介、市场 / 营销、影视 / 媒体、编辑出版、艺术 / 设计。

7. 建筑 / 房地产：建筑工程与装潢、房地产开发、物业管理、房地产销售与中介。

8. 人力资源 / 行政 / 高级管理：人力资源管理、行政管理、后勤管理。

9. 咨询 / 法律 / 教育 / 科研：咨询 / 顾问、律师 / 法务、教师、培训、科研。

10. 服务业：餐饮服务、酒店旅游、美容保健、运动健身、休闲娱乐、百货零售、交通运输服务、家政保洁。

11. 公务员 / 其他：公务员、事业单位工作人员、NGO（非政府组织）工作人员。

如何深入了解一个职业

在这里，我主要以 HR 为例来告诉大家如何深入了解一个
职业。

▦ HR 岗位的具体工作职责

在一般的企业中，HR 的工作都包含六大职能模块：

人力资源战略与规划：人力资源规划、企业文化、组织变革；

招聘与配置：职位分析、招聘、录用与解聘；

员工培训与发展：员工培训、职业生涯管理；

薪酬管理：薪资核算、薪酬管理、福利管理；

绩效管理：绩效考核、绩效辅导、绩效管理。

劳动关系管理：员工关系管理、劳动法规、职业安全和健康。

在一些大公司，HR 的工作职能更规范，包括的模块更全面，
更成体系。一些小公司在创立期和成长期，HR 最主要的工作职能
就是招聘、薪酬管理和劳动关系管理这三个模块。大家在招聘网站
上搜索 HR 基础岗位的招聘广告，可以更多地了解这个岗位的工作
职责内容。

▦ HR 岗位的任职资格

HR 岗位的任职资格主要从理论学习、实操学习、工作中的使
用及总结几个方面来考察。一般来说，用 8 ~ 15 年时间，HR 从业

者可以从职场新人转变为资深人员，职位可以从 HR 专员做到 HR 经理或总监。当然，对 HR 从业人员来说，处于不同的职业阶段，需要必备的任职资格是不同的。

HR 基层岗位必备的理论知识、技能和才干

学习人力资源六大模块的理论知识与实操技能，了解《劳动法》《劳动合同法》等相关法律法规；熟悉社会保险、住房公积金、个人所得税、劳动报酬等相关法律法规；简单了解一些商业知识，比如企业运营管理等相关知识；熟练使用 office 软件，特别是 Excel；性格开朗，形象好，具有亲和力，善于与人沟通交流；积极乐观，工作敬业，严谨踏实，工作仔细认真；执行力强；拥有良好的服务意识及团队合作意识，有良好的职业操守，诚实、正直、公平、公正；具备较强的学习能力、抗压能力等。

HR 中级、高级岗位必备的理论知识、技能和才干

人力资源专业知识：对人力资源管理各个模块均有深入的认识，对现代企业人力资源管理模式有系统的了解，并具有丰富的实践经验积累，能够指导各个职能模块的工作。

熟悉国家／地区及企业关于合同管理、薪金制度、用人机制、保险福利待遇／培训等方面的法律法规及政策，具有严谨敏锐的法律意识，并能依此制订公司的规章制度，防患于未然。

熟悉企业管理流程和全面运作，了解管理变革、企业战略变革等相关知识，包括文化管理、变革管理、参与战略决策等，头脑灵活，勇于创新。

人际理解与沟通能力：具备良好的沟通协调能力和组织能力，善于制造机会去接触和了解他人，能够把握别人的态度、兴趣、观点和行为方式等；理解他人思想和行为背后的原因，并且能通过倾听与观察预测他人的反应，具有亲和力、明锐的洞察能力和分析判断力。

团队合作：愿意与他人合作，主动与其他成员进行沟通交流，共同分享信息、知识、资源；有事业心，拥有很强的激励他人、团队领导能力。

思维能力：具备较强的逻辑分析思考能力，极强的计划性和执行力，随机应变能力强；具有有效分析复杂问题的能力，即将复杂问题进行分解，使之更容易被理解与把握，且能根据知识、经验和常识迅速发现问题的实质。

具有优秀的文字写作功底：熟练使用 office 软件特别是 PPT 软件；具有优秀的语言表达及沟通能力。

高度认同公司企业文化和价值观，具有良好的职业道德和职业操守，诚实、正直、公平、公正，能承受较大工作压力和工作强度。

具有良好的中英文口头及书面表达能力（外企必备）。

■ HR 岗位的就业现状和趋势

在市场上，HR 岗位的就业率一直比较高。试想，全国有 2000 多万家民营企业，每家企业都至少需要 1～2 名 HR 员工做招聘、算工资、买社保工作。若企业的员工从 20 人增长到 100 人甚至到 200 人、500 人，企业 HR 岗位的数量就要相应增加，另外还需要一名资深的 HR 经理为老板做团队建设和企业文化建设。这个 HR 经理手下要有一个小的 HR 工作团队，大家按模块分工协作。所以，从需求数量和质量上来讲，HR 都是一个不错的职业选择。

HR 的核心工作是"人"，机器能够替代重复和繁重的工作，比如简历搜索和筛选工作，但在与人沟通、洞察人性这些方面，HR 具有不可替代性。正如《世界经理人》所说的，人工智能替代了 HR 基础工作之后，HR 会有更多时间专注于核心工作，这对于企业发展和 HR 职业发展都有重要意义。所以，我们永远不会被机器替代，我们会更有价值。

在这个员工慢慢由"95 后""00 后"组成的年代，如果 HR 希望在企业中有更好的发展和提升空间，除了要具备前面提到的能力，我个人建议还要培养四种能力。这四种能力分别是：人力资源战略分析、数据分析和财务分析能力；社交媒体运用能力；企业文化构建与团队建设能力；领导力、赋能的能力。因为未来组织最重要的职能是赋能，而不仅仅是管理或激励。

■ HR 岗位的职业规划

人力资源管理的前景是非常广阔的，职业生涯的道路也是很宽的，一个勤奋工作的人力资源管理者，他的受益首先是眼界的开阔，他所接受的教育也是最新、最好的管理理念和知识，很有前瞻性。HR 的职业发展方向分析如下：

（1）纵向发展，成为公司最高 HR 负责人。

一个 HR 一般从 HR 文员、专员入行，随着经验的累积，依次成为 HR 主管、HR 经理、人力资源经理、总监、分管人力资源、行政的副总或合伙人，也有人最终成为总经理。这是 80% ～ 90% 的 HR 都会选择的常规的、专业的职业生涯发展路径。这条路的关键点是你得到老板的认同，即你的能力和人品得到老板认同。这一点特别重要。

（2）专业技术方向。

做了 10 ～ 15 年 HR 后，除了专业的职业发展路径外，你还有很多选择，比如可以做一名商业培训师、自由讲师或挂靠一些讲师经纪公司，打造几门拿得出手的课程；可以成为人力资源管理咨询师，加盟管理咨询公司，一直做到高管教练；可以成为猎头，做自由猎头或加盟猎头公司当合伙人；可以考取律师证，成为劳动法专业律师。

（3）创业。

创业其实是选择另一种生活方式，我很自豪自己在 12 年前毅然离开舒适区，选择了创业。创业是一种特别棒的人生体验，特别是对于我这种注重"体验感"，追求"过程"大于"结果"的人来说。但是，不是人人都适合创业，因为创业的成功率九死一生。巴菲特有一句话说，人最关键的不是有多大的能力，而是知道自己的能力有多大，知道自己的能力边界在哪里。你看，说来说去，能否创业，还是要看我们 HR 从业者老挂在嘴边的能力。

最近几年，在国家"双创"政策影响下，我的很多 HR 学员也蠢蠢欲动想创业，他们过来咨询我如何选择创业方向。对此，我想表达的观点是，如果你已经做了十多年的 HR，这十多年来你积累的人际关系、你整个人的成熟度以及企业管理的实操经验，都已经非常丰富了，那么你在创业时选择什么方向都可以。我 32 岁时选择创业，开了一家人力资源培训公司。而跟我同年创业的一个男性 HR 经理，创业开了一家洗脚城，12 年过去了，他的洗脚城已经做成了全国连锁企业，他本人也已身家上亿元。我的一个女学员做了 5 年 HR 后，跳槽去了保险公司。她的亲和力、团队招聘及组织管理能力，让她很短时间内就在保险公司脱颖而出，如今已经成为100 多人的团队的领导，年薪上百万元。

我们为什么选择创业？就是为了心中那个理想，那种自由的感觉。只要是你喜欢的，并做好最坏的打算，然后预留好半年的生活费，那就大胆尝试吧。

创业，是一种生活方式，人生需要各种不同的经历和体验，如此人生才不白活！但是，如果创业没有成功，希望你能回归职场，安安心心做一名称职的员工，漂漂亮亮地完成领导交代的任务。此时，创业只是一种生活体验，尝试过了，努力过了，体验过了，就回归正常工作和生活，不要患得患失，不要眼高手低。

快速了解职业的三大方法

▓ 信息收集，网络定向搜索

为什么我始终强调"求职规划"这个词？因为好工作是规划来的！当你想找一份工作时，要提前做足功课。现在网络这么发达，也有许多知识、技能分享平台，相信你会找到相应的答案。

我经常让我那些准备求职的学员去做一件事，就是在几大招聘平台的搜索栏里输入一个他最想了解的职业，然后找 10 家自己最心仪的公司，将"职责描述"和"任职要求"的内容分别粘贴在一个 Word 文件里面。当然，要选择北京、上海、广州、深圳这样的一线城市。然后合并同类项，就能得到一个极其完整的招聘广告。这是一个又快又准确地了解一个职业的好方法，大家都可以去试一下。做完这件事后，建议你上"知乎"之类的平台，看看职业内的"大牛"们是如何评价他们正在从事或者以前从事过的职业的，这样你会对职业有更深入的认识。

▓ 职业访谈指南

（1）为什么要做职业访谈？

为你找工作或选专业获得有价值的信息，对你从书上或网上看到、道听途说和自己想象的内容进行一次实践的检验。

了解某个特定领域或行业，并设想自己该如何适应它，这个行业或领域目前存在哪些问题或机会。如果你要申请其中的某个职位，这些信息将帮助你调整自己的努力方向，让自己更符合工作要求。

提高面试技能，通过和专业人士聊天，谈论你自己、你的职业兴趣、价值观和工作技能，扩展你在某个领域的专家人脉。你的工作有很大可能来自你认识的人，因此越早建立人脉越好。

争取认识更多的人，比如你可以在跟某人会谈结束时说："非常感谢您，我还想跟其他人聊聊这个领域的工作，您能向我推荐一些合适的人吗？"

（2）如何找到潜在的人脉？

向你的朋友、亲戚、邻居、同学等任何能帮助你进行访谈的人询问。

参加你感兴趣的领域的专业人士开设的培训班、线上线下训练营、线上线下聚会、社群、论坛等。

联系你所在大学的就业指导中心、网站，或通过校友资源等渠道。

联系相关行业协会、贸易商会等组织，浏览他们的官网或公众号。

通过报纸、杂志、各种公众号、视频、电视节目、职业咨询机构、"在行"App、微博、微信等渠道寻找信息。

（3）你该如何准备？

社会上的成功人士大多非常谦虚和乐于助人，特别是在看到年轻人这么上进和主动时。大部分你想访谈的前辈，只要他们时间允许，都会很乐意给你一点时间见面沟通或电话沟通的。

如果争取到机会，不要浪费彼此的时间，做好准备再去，比如看看他们的官网或公众号，在头脑中提前列个清单，明确你究竟想要得知什么，不要问那些显而易见的问题，比如利用图书和网络等工具能查到的一切信息。

■ 寻找你的职业入门导师，找到你的所属社群

"导师（Mentor）"一词具有很长的历史，即良师、顾问、优秀的领导者等，是某一领域中有经验的专业人士，他们能够从现实世界的角度为他人进行指导、提供建议和帮助，也就是我们中国人称为"师父"那个人。

在我工作过的外企，都有"职业导师"制度。所谓"职业导

师"，是指那些能够在职场中引导你、帮助你、培养你和保护你的人。以前我在企业做 HR 时，公司每招进新员工，我们都会从中选拔有培养潜质的人，然后为他们每个人在公司内部配备两个"职业导师"：一个是他的直接上级，他们是直接主管和下属之间的关系，通过主管对下属进行指导、传授经验来提高新员工的工作技能；另一位导师人选是跨部门的资深经理或总监，是除本职工作外，对新员工从生活和精神层面进行指导的人。

如果你现在还是一名大学生，你的眼光也不一定要锁定在大学校园里看得到的老师身上，你完全可以到整个社会、整个网络上去寻找最适合你的导师。比如我，我在外企做了 12 年 HR 经理，还一直在从事人力资源入行的培训教学工作，对毕业后想从事 HR 工作的大学生来说，我就是你最好的社会 HR 导师人选。

建议大家除了校内的老师，再多一两个和未来就业息息相关的校外导师。有了导师们的辅导，你会少走弯路，更快抵达目标。如果你已经在企业中工作，希望未来有机会转入人力资源岗位，同样地，先找到你的"职业导师"，再找到所属的社群，认识无数个小伙伴，大家一起学习，一起实践，一起讨论，一起入行。

做 HR 必备的企业和岗位知识

HR 在企业的不同发展阶段的定位

▧ 企业在不同发展阶段面临的问题和发展的侧重点

在商品经济范畴里，企业作为组织单元的多种模式之一，是按照一定的组织规律有机构成的经济实体。企业一般以盈利为目的，以实现投资人、客户、员工、社会大众的利益最大化为使命，通过提供产品或服务换取收入。企业是社会发展的产物，因社会分工的发展而成长壮大。

企业发展有五个阶段：第一阶段是初创期；第二阶段是成长初期，步入正轨，初显成效；第三阶段是成长后期，高速发展期；第四阶段是成熟稳定期；第五阶段是寻找生态圈，实现可持续发展或者慢慢走向衰败。

在初创期，生存是第一要事，整个公司以老板为中心，人少，沟通也直接；为了赚钱，企业不停尝试各种不同的商业模式。过了初创期，员工会越来越多，此时老板靠个人魅力有点管不过来了，这就需要招一名专业点的 HR 来。到了成熟阶段，企业发展到鼎盛时期，规模较以前明显增大，人员稳定，工艺技术成熟，有一定的竞争实力，也有了一套属于自己的企业管理风格。

那么，在企业不同发展阶段中的 HR 该如何定位？

关于这个问题，我们通过一些常见的人力资源招聘广告就能清晰地判断出 HR 在企业的不同发展阶段都要做些什么。

▓ 中小民企 HR 专员的工作职责

（1）起草公文制度：起草基础性的公文制度、通知等文件。

（2）招聘：寻找及选择招聘渠道开展招聘工作，筛选简历、通知面试等。

（3）入离职办理：完成员工入离职手续的办理，更新员工信息，办理入职培训等等。

（4）社保及用退工办理：负责办理员工的招退工及社保缴纳。

（5）薪酬核算：负责核算每月工资表。

（6）员工关系：负责公司内部员工有关事务的解答。

（7）协助部门经理完成其他事务性工作。

▓ 中小民企 HRBP 的工作职责

（1）理解并执行公司政策和发展战略，落实并固化所支持的部门人员企业价值观。

（2）深入支持业务部门领域，对部门核心业务模块、组织及人员发展状况定期进行调研、评估、分析，为部门及组织发展提供可行性解决方案。

（3）营造良好的组织氛围，规划激励措施，有效激发团队，提升人员敬业度和团队凝聚力。

（4）根据人员情况，做好培训、企业文化规划工作，并协调 HR 平台资源，做好运营和执行工作。

（5）优化组织架构及人力资源配置，规划员工发展通道及人力资源规划。

（6）负责所支持部门的业务模块相关的绩效考核政策落地推行、绩效体系建设及持续优化、绩效体系运营过程跟踪与反馈。

■ 大型互联网电商 HRBP 的工作职责

（1）全面负责对接部门的招聘、培训、绩效、员工关系等各方面的工作，为业务部门提供充足的人力支持和人才保障。

（2）根据运营体系发展规划，搭建可持续发展的人才梯队，为运营部门提供充足的人力支持和保障。

（3）分解人资目标并有效落地，执行招聘、培训和人事基础等模块事务处理。

（4）从人资和运营双向角度出发，搭建员工沟通渠道，构建良好的劳资关系。

（5）完成领导交办的其他事情。

■ HR 的任职要求

（1）本科及以上学历，两年以上大型物流、电商或生产制造企业 HR 工作经验优先，其中至少一年人力资源管理经验。

（2）熟悉人力资源管理各模块的工作内容，能深入运营一线，为运营部门提供专业的人力资源解决方案及政策咨询。

（3）工作心态良好，善于沟通协调，有很强的分析和解决问题的能力。

（4）强烈的成就动机和上进心，抗压能力强，有很强的责任心。

（5）执行力强，有很强的学习、反思和改善能力。

（6）高度认同公司企业文化和价值观。

HR 的角色定位与企业发展阶段密切相关

▓ HR 既是管理者又是服务者

我们从这些招聘广告可以看到，HR 既是管理者又是服务者。作为管理者，企业人力资源部管理者与其他部门管理者一样，都是企业相关政策的制订者，他们所从事的工作都是相应的管理活动，包括计划、组织、领导、控制等，他们根据企业的发展需要及自身管理职能制订相应的人事政策或制度，然后组织实施，并对过程与结果进行相应控制。

作为服务者，HR 要服务各个层级的员工，就要和员工多沟通，及时了解员工的需求，解释员工关心的问题，并为员工提供必要的支持，以提高员工对企业的满意度，增强员工对企业的忠诚度，真正筑起企业和员工之间的心理契约，起到企业和员工之间的桥梁作用。

HR 是公司的业务伙伴

以前我在外企做 HR 时，一周五天工作制，我们只在办公室待四天，每周五轮流去公司各个一线部门，与员工们一起工作。这样做有两个好处：一是到一线去看、去听、去了解，我们很快就可以熟悉这个部门的工作流程和要点难点，未来做这个部门的招聘工作或与部门沟通交流时，可以更得心应手。二是有很多机会可以跟一线员工聊聊天，问问他们对公司上月出的某某政策有什么建议和意见，用同理心听听一线员工心里的委屈，当一下他们的出气筒，然后找合适的语言，鼓励、安慰他们，给他们心理上的支持。

我待过的三家外企不约而同地要求 HR 到一线参与工作。即使有些企业不这么要求，HR 也要主动争取，因为这对你个人未来的职业发展有益无害。

HR 是公司变革的推动者

HR 在一线各个工作模块经过 8 ～ 10 年的锻炼，应该成为公司选、用、育、留各个环节的专家，为企业的人力资源管理提供服务和咨询，争取做到一家公司 HR 最高负责人这个层面。此时你已经进入了公司的管理层，成为 CEO 的战略合作伙伴，可以通过 HR 的创新管理来推动企业变革的实施。一个企业的组织和流程的变革，其实就是人的思维方式、价值观及行为的变革。HR 要积极参与企业战略和决策的制订，提供基于战略的人力资源规划及系统的解决方案。等你做到这个层面，你的年龄应该在 35 岁左右，正是 HR 这个职业的黄金年龄段，拥有坚实的基础，未来发展空间巨大。

HR 在企业中的组织架构设置

　　一般在大型企业里，会有一位高管来统筹 HR 工作，比如，制造业里的"管理副总"，快消行业里的"人力资源总监"；在小型企业里，HR 的最高管理者直接是老板或总经理。全盘管理人力资源工作的企业将 HR 称为"人力资源经理"；把人事、行政合并在一起的企业称 HR 为"人事行政经理"；也有企业将 HR 称为"人力资源部长"；有些制造业企业喜欢称 HR 为"综合部主任"。

　　HR 具体工作担当者的职务名称普遍为"专员"，比如"招聘专员""薪酬社保专员""培训专员"。在专员岗位做 2 ～ 3 年后，会有机会得到晋升，晋升后职位名为"招聘主管""薪酬主管""培训主管"，再做个 3 ～ 5 年，就能做到经理级别了。

　　在中国的中小民营初创型企业里都有"人事部"，但很多企业的人事和行政两个职能没有分开。这种情况下，HR 的工作内容基本以打杂为主，其中行政方面的工作量反而占大头。这也是目前 HR 难以做得专业的原因之一。

　　在处于初创期的企业里，老板的关注点主要集中在企业的生存发展上，对人力资源这块缺乏规范化管理，自然，HR 在他们眼里就跟文员一样，没有太大价值。HR 要认识到这一点，不要老抱怨老板不理解你，不重视 HR，你要有耐心和公司一起学习成长，从小到大，从弱到强。

　　其实，以我的经验来看，HR 部门的分管领导越大，做真正的 HR 的机会就越大。所以，我建议 HR 新人去面试时，最好选择 HR 和行政两个职能分开的公司，而且你的上司不是老板本人，而是一个资深的人力资源主管或经理。只有在这样的领导手下不断历练，你的成长才会更快。

关于 HR 在一家公司到底有多少编制，这个没有定论，行业和公司发展的阶段不同，配套的 HR 数量不同。比如，500 人的制造业企业，人数较多，HR 的配比是根据各大模块来配备的，一般 HR 与员工人数按 1∶150 左右配备。但随着劳务派遣和外包的普及，很多大型企业 HR 人员也减少了。比如，200 人的快消行业或互联网行业，HR 的配备与员工人数按 1∶80 左右配备，2～3 个 HR 足矣。当然这个数量的前提是，每一个模块的 HR 都是从业至少 5 年的专业人士。

从一家公司的 HR 部门组织架构基本上可以判断这家公司的规模、管理水平及老板对 HR 部门的重视程度。比如，你去面试时，发现招聘广告上写的是"人事专员"，而不是"人力资源专员"；比如，公司人事部和行政部没有分开；比如，做工资原本是 HR 的分内之事，这家公司却安排财务做。这些现象都显示出这家企业还处于一个发展的初级阶段。这时你就要结合自己的职业规划，考虑要不要接受这个工作机会了。我的建议当然是选择成长期、成熟期的中、大型公司应聘"专员"，而不是选择招聘广告上看似好听的"人事主管／经理"。

企业类型决定了企业文化和 HR 的工作风格

只有在工商局登记注册的，才能称为企业，行政单位、事业单位、社会团体或非企业性单位不能以"企业"来称呼。

1. 国有企业：大型国有企业是我国国民经济的中流砥柱，是我国国民经济的重要支撑。比如常见的石油、化工、机械、电子、冶金、有色和建材等行业就有较多的国有企业。

2. 民营企业：也是我们常说的私营企业，有限责任公司是我们比较常见的形态。

3. 外资企业：包括所有含有外资成分的企业。外企又分三种：企业全部资本均为外商所出的和拥有的为外资企业；共同投资并按照投资比例共担风险、共负盈亏的企业为中外合资经营企业；外商在企业注册资本中的份额无强制性要求又有一定注资的为中外合作经营企业。

虽然以上三种企业统称为外企，但其实也有一些讲究：

A 类外企：欧美大型咨询公司及投资银行，比如摩根士丹利、麦肯锡，相信对这些企业大家都如雷贯耳。但是在这些企业里工作压力很大，你不仅要有好能力，更要有好体力。

B 类外企：美国超大型公司，比如 IBM、亚马逊、苹果、微软、通用等。

C 类外企：欧洲超大型公司、美国大型公司，比如沃尔玛、英国石油公司（BP）、西门子、飞利浦、大众、四大会计师事务所等。

D 类外企：日韩超大型企业，比如三星、LG、索尼、松下、日立等。在日韩企业工作压力很大，一般来说，工作氛围不如欧美的外企轻松。

E 类外企：港台大型企业、欧美一般企业。这类企业工作压力大，收入一般。

对于外企的工作特点，我以 12 年的外企人力资源经理、5 年

的国企和民企的人力资源培训和管理咨询项目的经历，讲一下自己
的观点，供大家参考。

1. 真正的好外企，管理规范，比如，"五险一金"、加班补休
或支付加班费全部按照中国法律执行，甚至还有超出劳动法的福
利，比如以前我们公司就为全体员工购买了补充医疗保险。

2. 外企比较追求内在的逻辑性，非常讲求数据、分析和最后的
逻辑归纳。比如，我当时的 HR 总监每年开年会都给下属制订好全
年的量化 KPI 考核指标，做好专业技能培训。我们只需要每个季度
上交三张报表给她，顶头上司基本上只用年底见我们一面做绩效面
谈即可。绩效考核的年度评估和第二年的加薪升职挂钩，我们不用
担心自己工作做得不好或者跑偏。

3. 西方人的思维往往比较直接，对就是对，错就是错，表扬
就是表扬，批评就是批评，而且及时、当面。员工清楚地知道自己
什么地方做得好，需要继续努力；什么地方做得不好，需要马上改
正。管理层还会以身作则示范和培训下属。所以工作效率极高，上
下沟通顺畅，员工可以自由地表达好的建议和好的想法。

4. 外企的管理层和员工在知识、技能、思维、行为方式上会显
得更专业。我在飞利浦工作时，每天都很想上班，跟一群比自己优
秀的人一起工作是一件非常开心的事情。

5. 为什么说不同的企业类型，决定了 HR 不同的工作风格？
要知道，一家公司最重要的是企业文化和企业价值观，一个企业是
否有正确的价值观，是不是真的"以人为本"，真的认为"员工是
公司最宝贵的财富"，这些都非常重要。我做 HR 时，每天都在想
"这个月设计一个什么样好玩又有意义的团队活动呢""对新晋升的

这批管理者，我要给他们组织一个两天的领导力提升培训"，而不用每天想着"如何不赔钱把员工辞退掉""如何才能少交社保"。

企业常见的岗位设置

这要看你属于哪个行业以及企业规模大小。一般来说，企业规模越小，岗位和部门设置得越简单。我们一般把企业分为生产导向型企业和销售导向型企业。

生产导向型的企业部门一般有总经办、财务部、行政部（办公室、后勤等）、人力资源部、生产部（按车间划分）、技术部、品保部、计划部、仓储部、设备部、环保部等，若涉及销售业务，还会有营销部、市场部（企划部）。

销售导向型的企业部门设置相对比较简单，一般设行政部、销售部、财务部、人力资源部、物流部、售后服务部等。职务分为总监级、经理级、主管级、专员和员工。

HR 会被人工智能替代吗

在移动互联网时代，三巨头（百度、阿里巴巴、腾讯）几乎霸占了互联网。李开复分析了自己对互联网趋势的观察，解读了创新工场的投资逻辑，还提到了他看好的 5 个领域：人工智能、文化娱乐、在线教育、B2B、消费升级。他说，未来 5 秒以内的工作将全面被人工智能替代！同时，未来 10 年，翻译、简单的新闻报道、保安、销售、客服等领域的人，将约有 90% 会被人工智能全部或

部分取代！未来很多行业会被改造，更重要的是，这会是一个非常
彻底的、非常残酷的改造。因为那些不能接受"互联网+""AI+"
概念的公司将会被颠覆！

如果人工智能这么厉害，那人类还有用武之地吗？

当然有。

李开复老师说，人类最不能被取代的是文化和内容。

在未来10年，许多工作都会被人工智能取代，而正因如此，
人类才有空间发挥文化和艺术潜力；人工智能是非常理智的，记忆
力非常好，但它们不懂什么是美、什么是幽默，不懂为什么毕加索
是伟大的艺术家。人类被当作机器用了太久，而由机器人取代人
类，帮我们处理烦琐重复的机械性工作的日子终将来临。

人工智能或许会让一些职业永久消失，却是人类文明的一大
进步，它解放了人类的创造力。倘若我们不去改变，就只能被社会
淘汰。

做 HR 前对工作的正确认知

到底什么工作才是一份好工作

对一个刚刚走出校园、步入社会的职场新人来说，人生的第一份工作很可能并不是一份"好工作"。但这并不重要。工作其实就是一种谋生的手段，你付出劳动，老板付给你报酬，在企业的平台上不断挑战自己，提升技能，然后去更大的平台，得到更高的职位，拿更高的薪酬，领导更大的团队，完成更难的任务，这只是一个良性循环而已。

当你大学毕业后找工作或跳槽时，除了关心薪酬以外，你还要问问自己下面这几个问题：

这份工作对我有意义吗？

这份工作将会给我带来发展机会吗？

我还能继续学习新东西吗？

我有机会得到认可获得成就吗？

我将会被赋予更多责任吗？

这些才是真正驱动你成长的动力。一旦你清楚了这一点，对于什么是工作中最重要的东西这个问题，你的答案就会越来越清晰，你对接下来的选择自然了然在心。

人生的第一份工作到底重不重要

在我看来，其实大学生毕业做的第一份工作并不真的那么重要，如果你先去一家好公司里从事"不太好"的工作，你大可不必怨天尤人，你可以做好本职工作，再慢慢向好职位靠拢。这绝对比你直接在一个不怎么好的公司的"好职位"上发展得好。

另外，有技术背景的市场营销人员绝对比纯市场营销人员值钱。我有一次在武汉大学做毕业生讲座，一个女生站起来提问，她学的是化学专业，但她并不喜欢做研究，不喜欢做实验，面对毕业后的工作问题，她很苦恼。因为当时已经有企业给了她研究室化验员的职位。在大学四年里，她在社团里从事外联工作，她也喜欢和人打交道，有领导力潜质。针对她的情况，我给她的建议是去类似兰蔻、雅诗兰黛、倩碧、香奈儿等国际化妆品公司做市场工作。这样，她四年的化学知识不但没有白学，还会成为她未来工作的加分项，加上她四年的社团领导经历，去这些大公司锻炼几年，她绝对能够脱颖而出、独当一面。

个人性格喜好与职位匹配很重要。大家都说销售岗位好，挣钱的人才能叫好，业绩不好的人就是陪跑的分母。之前就有位做产品策划的同事看到销售岗位提成高，非要去做销售，结果怎么也干不好，既得罪了客户，也让销售领导不满意，导致他最后在市场部干不下去了。可此时他也回不了策划部了，因为没有他的编制了，最后他只能辞职。

还有一位做技术的高手，因为领导器重他，所以派他去做了分公司的总经理，他干了几个月后苦不堪言，说还是做技术简单顺心，管人太难了，他做不来，后来又转回来做技术。

我大学快毕业时，学校分配我们去实习。我在国企实习完三个月后，回到学校就下定决心，这辈子打死我都不做会计，特别是去国企做会计，包分配我也不去。那年我才 21 岁，肯定没有理性分析，纯粹是内心深处感性的想法，现在回想起来是三个因素让我做了人生最重大的选择。

第一，我实习的国企是一家糖烟酒类公司，零乱而堆积如山的货物、吊儿郎当老躲在角落抽烟的库管、一杯茶一张报纸消磨一天的机关办公室里的那群人，还有偶尔下到我们基层来视察的腆着啤酒肚的秃顶老男人（经理）……一切给我的感觉都非常不好。那时我就想，难道未来 30 年大学时意气风发想干一番事业的我就这样度过吗？我不甘心！

第二，热心带我们三个小姑娘实习的老会计是一位 50 岁的大姐，不，应该叫阿姨。她兢兢业业做了一辈子会计，打算盘（1994年的国企会计日常工作中最重要的工具）时。稍一用力，那像啤酒瓶底一样厚的高度近视眼镜就会滑下鼻梁，几乎每 5 秒钟她就要腾出打算盘的手去扶一下眼镜。有时，无聊的我们就会盯着她数，保证数到五，她就会扶眼镜，这几乎成了我们三个小姑娘苦中作乐的游戏。

会计阿姨为了她的会计准则，为了三分钱，让我们重新算了四遍，整整两个工作日，16 个小时，四个人全身心投入这个工作中，才结束了效率如此低下的重复工作。如果她知道，那三分钱是我第二天下午偷偷从自己兜里贴进去的，她会不会大跌眼镜？看到老阿姨，我就恐怖地想到 30 年后的我。30 年在一家公司，30 年做一件事，从 20 岁的豆蔻年华一眼看到 50 岁的垂暮，这是非常令我恐惧的。

第三，20 世纪 90 年代初，TVB 拍摄了不少关于家族企业的商业剧，《笑看风云》《大时代》都是那个年代的经典。这让我们看到原来商战是这样的，原来除了我们日常见到的脏乱差的工厂厂房，还有这么豪华的写字楼，女职员穿着美美的高跟鞋踩在地毯上，面前是这么漂亮的办公桌，开会还要用投影仪、PPT，老板居然还这么帅……这与我实习的糖烟酒类公司简直天上地下。

我的决定让我毕业即失业。而我的同学们，一部分去了国企做会计，一部分去银行做了柜员，还有一部分去了证券公司做交易员，我则成了待业小青年。我感性地做了这么重要的一个人生决定，我想，即使去小公司做前台、做秘书，只要心中一直有一个愿景，总有一天，我就能坐在像港剧里的办公室一样的地方办公。两年后，在我 24 岁时，我终于应聘进了飞利浦，那时我就知道，我的梦想要实现了。

现在回想起来，好开心当年自己这么勇敢。勇敢不是无所畏惧，而是有所畏惧，却依然前行！

所以，在你还没有能力和水平做理性的职业生涯规划分析前，不如先听从自己的内心呼唤，找份让自己动心的工作干起来。

分阶段实现职业目标和人生目标

《楚天金报》曾经对我进行过人物专访，整版的标题是《人生要打三份工，第一份为了生存，第二份为了兴趣，第三分为了理想》。它很好地诠释了我们的职业目标和人生目标。

很多人都会问，到底什么是好工作？大多数人会认为，好工作就是收入稳定，有良好的社会地位，能独立掌握工作进度，具有挑战性，有较多学习成长机会。其实，这些我们最重视的工作价值观，也反映了我们内在的心理需求，而这些心理需求跟马斯洛提出的生存、安全、爱与归属、尊重、肯定、自我实现的需求层次不谋而合。

根据马斯洛需求层次理论，我对自己的人生也做了一下梳理。

第一层需求：生存需求，追求基本生活保障。

关键词：高中（16～18岁）在混沌中度过，大学（19～22岁）在迷茫困惑中度过。

职业定位：初入社会，应聘到小公司做前台、文秘、行政助理。

此阶段目标：毕业（22～24岁），养活自己，决不啃老，先成为一个合格的社会人！

第二层需求：安全需求，追求工作稳定，工作条件良好。

关键词：加班、学习 HR 专业、补英文、被老板骂；再加班、再学习 HR 专业、补英文、再被老板骂。

职业定位：24 岁，面试成功进入飞利浦，属于快速消费品行业，岗位是人力资源。

此阶段目标：不要被公司炒掉，能独立工作，用 4 年时间，从基层做到公司华中区的区域 HR 主管。

第三层需求：社会需求，追求良好的人际关系、团队合作、爱情和归属感。

职业定位：27 ～ 32 岁，工作于飞利浦和沃尔玛，都属于快消／零售业，岗位是人力资源经理。

此阶段目标：熟悉一个行业，成为一个领域的专家，结婚成家生娃，买房买车，人生渐入佳境。

第四层需求：尊重需求，追求受到尊重和肯定。

职业定位：32 ～ 44 岁，独立创业，成立人力资源公司，将技能转化为产品，拥有自己的事业。

此阶段目标：先让创业公司活下来，公司的培训产品帮助 18000 名 HR 新人入行和成长，满足市场需求，商业模式行得通，有盈利模型。

第五层需求：自我实现需求，追求发挥潜能、实现理想、兴趣、创造性、社会意义。

职业定位：自由职业者，只做自己感兴趣和有意义的事情。

此阶段目标：44 岁之后，写书出版、全国演讲推广宣传理念，通过互联网平台销售成体系的 HR 实操课程，把这些实用课程带给 HR 新人、迷茫中的大学生及追求上进的年轻人，让他们少走弯路，最大限度地体现我的成就感和价值观。然后继续推广"公益 + 旅行"理念，影响更多人做快乐公益、继续环游世界实现个人梦想、做完人生梦想清单上所列的事。

工作 24 年，我的体会是，人活着总要找些事情来做，如果一个人所做的事情不仅能够改善自己的生活，而且能够改善很多人的生活，同时，他在做这些事情的时候，感到很轻松、很快乐，那么，他就真正选对了职业，选对了人生。

你真的适合做 HR 吗

人力资源是近年来职业市场的明星职业之一，随着越来越多创业者创立企业，随着企业的发展，人力资源部门的重要性逐渐显现出来，企业竞争升级为人才竞争。受市场需求大环境的影响，越来越多毕业生和职场人选择进入此行或转入此行，希望在这个领域有所成就。

我从 1997 年正式入职做 HR，已经在此行工作了 20 多年。我不但没有厌倦，而且越来越觉得人力资源是最适合我的职业，是值得我一生经营的事业。如果时光倒流，我仍然会选择这个职业。

为什么我如此坚定地在这个行业里耕耘，因为人力资源给了我个人发展空间，是一个非常有前途的职业。理由如下：

1. 人力资源是一个不会令人厌倦的职业；

2. 人力资源是一个可以通过给企业增加价值从而实现自身价值

的职业；

3. 人力资源是一个有着广阔发展空间的职业，永远的求知欲和工作热情是做好人力资源的前提。

以上是我对人力资源行业的前景的看法。那么，作为新人的你到底了解多少人力资源呢？考量你的学历背景、性格特质、兴趣爱好、职业价值观、职业技能，你适合做人力资源吗？人力资源看似入门门槛低，实则对人才的综合素质要求很高，盲目入行是不行的。在入行之前，你有必要回答自己这样几个问题。

人力资源工作是你的职业兴趣所在吗

这里给大家介绍一个职业测评工具——霍兰德职业兴趣自测。它是由美国职业指导专家霍兰德根据他本人大量的职业咨询经验及其职业类型理论编制的测评工具。

霍兰德认为，个人职业兴趣特性与职业之间应有一种内在对应关系。根据兴趣的不同，人格可分为研究型（I）、艺术型（A）、社会型（S）、企业型（E）、传统型（C）、现实型（R）六个维度，每个人的性格都是这六个维度的不同程度组合。面对职业困苦，大家都可以到网上下载这个工具进行一下自测。

我的经验是，大多数首选"S"的 HR，特别适合做招聘、培训、员工关系模块方面的工作；首选"C"的 HR，适合做薪酬绩效模块方面的工作。对于职业选择，我的排序是"S—E—A"，这也解释了为什么大学毕业后即使包分配工作，我也不愿意去国企做会计，因为我喜欢做和人打交道的工作，非常不喜欢做只和数字打交道的工作；解释了为什么在外企做 HR 时我特别喜欢做招聘及员工关系模块的工作；解释了为什么我在外企做得得心应手，却义无反顾地辞职创业，成立一家人力资源公司，从零开始打造自己的品牌；解释了为什么我喜欢环游世界，喜欢看话剧、看电影，因为我还是一个文艺女青年，热爱和追求一切美的事物。

什么性格的人适合做 HR

在市面上，关于性格测评有很多测试工具，但大多数工具的娱乐性大于实用性。一般来说，我建议大家用 MBTI（Myers-Briggs Type Indicator，迈尔斯—布里格斯性格分类法）。MBTI 以心理学泰斗瑞士心理学家卡尔·荣格于 1921 年提出的性格类型理论为基础，由美国的 Katharine Briggs 和 Isabel Briggs Myers 母女集毕生精力探索而成。这是一种迫选型、自我报告式的性格评估工具，用以衡量和描述人们在获取信息、做出决策、对待生活等方面的心理活动规律和性格类型。

MBTI 倾向显示了人与人之间的差异，而这些差异产生于：

他们把注意力集中在何处，从哪里获得动力（外向、内向）。

他们获取信息的方式（实感、直觉）。

他们做决定的方法（思维、情感）。

他们对外在世界如何取向；通过认知的过程或判断的过程（判断、知觉）。

用字母代表如下：

精力支配：外向 E—内向 I。
认识世界：实感 S—直觉 N。
判断事物：思维 T—情感 F。
生活态度：判断 J—知觉 P。

不同字母组合会形成不同的职业性格特征。

了解自己的 MBTI 类型，能让你肯定自我，促进自己与他人的合作。建议大家都做一次 MBTI 测评。目前版本的 MBTI 包含 93 个 "2 选 1" 问题，要求你在 "完全解除压力的状态下" 选择自己 "最自然的做法或者反应"。测试完成后，MBTI 会用 4 个维度描述你的职业性格特征。

我的测评结果是 INTJ 型。INTJ 型的人是完美主义者，适合的领域有科研、科技应用、技术咨询、管理咨询、金融、投资领域、创造性行业。做完测评，你的 MBTI 报告还会显示你的优点、缺点，虽然我不会完全被上面的文字所左右，但它能让我从另一个角度多了解自己。MBTI 职业性格测评不完全等于性格测评，对于职场人来说，MBTI 是一个有力而便捷的工具。其最关键的意义在于让每个人方便地了解自己与他人，促进人与人之间的坦诚沟通。当然，我们应该认识到 MBTI 的关键意义及主要作用在于团队建设的沟通与理解，不宜本末倒置。

你适合做 HR 吗？以我的经验，以及我认识的接触过的其他众多 HR 来看，其实什么性格都适合做 HR，只是所属模块有区分。在我 12 年的外企经历中，其中有 8 年都在做招聘、培训和员工关系模块。我很喜欢和人打交道，很喜欢影响和帮助他人，追求利他主义和影响力。而我的另一位同事，她非常喜欢薪酬和绩效模块，对此乐此不疲，从不换岗，她喜欢和数字打交道，追求逻辑和规律。

具体来看，每个模块需要的职业性格特征不同。

招聘培训和员工关系模块需要的职业性格特征是，偏外向，善于沟通，乐于交流，敏感，有观察力，社交欲望强，有团队合作意识，天性乐观。

薪酬福利模块需要的职业性格特征是，偏内向，逻辑缜密，严谨，对数字敏感，喜欢探索数据中的规律。

绩效模块的工作核心其实是计划、统筹、沟通、协调、引导、分析和总结，所以这个模块需要的职业性格特征是，要敢于面对冲突，也要讲求逻辑，个性相对强势一些最好。

每个人都有自己的人格特质，每种人格特质都有适合的工作内容。HR 几大模块本身对从业人员的性格没有很严格的要求。只是，合适的性格做适合的事，效果会更好一些。所以，不管你是哪种性格，你都可以来做 HR，选对适合自己的模块就好了。

职业价值观

人的职业价值观可分为以下 13 种类型，各类型的基本含义如下：

1.利他主义：总是为他人着想，把为大众的幸福和利益尽一份力作为自己的追求。

2.审美主义：能不断地追求美的东西，得到美感的享受。

3.智力刺激：不断进行智力开发、动脑思考、学习和探索新事物，解决新问题。

4.成就动机：不断创新，不断取得成就，不断得到领导和同事的赞扬，不断实现自己想要做的事。

5.自主独立：能够充分发挥自己的独立性和主动性，按自己的方式、想法去做，不受他人干扰。

6.社会地位：所从事的工作在人们的心目中有较高的社会地位，从而使自己得到他人的重视与尊敬。

7.权力控制：获得对他人或某事的管理权，能指挥和调遣一定范围内的人或事物。

8.经济报酬：获得优厚的报酬，使自己有足够的财力去获得自己想要的东西，使生活过得较为富足。

9.社会交往：能和各种人交往，建立比较广泛的社会联系和关系，甚至能和知名人物结识。

10.安全稳定：不管自己能力怎样，希望在工作中有一个安稳的局面，不会因为奖金、加资、调动工作或领导训斥等而经常提心吊胆、心烦意乱。

11.轻松舒适：希望将工作作为一种消遣、休息或享受的形式，追求比较舒适、轻松、自由、优越的工作条件和环境。

12.人际关系：希望一起工作的大多数同事和领导人品好，相处在一起感到愉快、自然。

13. 追求新意：希望工作的内容经常变换，工作和生活丰富多彩，不单调枯燥。

就像世界上没有两片一模一样的树叶一样，每个人的价值观都不同。面对同一事物，价值观的不同会导致选择的不同。如果你是一个应届毕业生，面对要选择什么样的工作，你的选择可能与已经工作 5 年甚至 10 年的人的选择有很大不同。选择什么没关系，至少你要敢于选择。在行动过程中，你可以慢慢厘清自己到底希望未来做什么样的工作，希望工作能给你带来什么。而要实现这些目标，你现在唯一要做的就是学习知识，实践理论，提升能力，尽早通过工作完美地体现自己的职业价值观。

能力——构成职业的核心要素

许多人听到"能力"两个字后就频频摇头。高中毕业的求职者会说："我实际上没有任何能力。"大学生也不例外，说："我上了四年大学，还是没有掌握任何能力。"初入职场的人会认为："我是一个没有能力的人。"中年人跳槽时会说："我必须重返课堂再进修，不然在新的领域毫无技能可言。"或说："对任何技能我都必须从头学起。"

"能力"是职场中最易被误解的元素之一，不仅个人会误解，存在这种误解的雇主、HR 也大有人在。这些错误源于对"有能力"和"无能力"的误解。简单地说，根本就不存在"没有能力"的人，每一个人都有能力。从孩提时代，人们就开始培养能力并使用能力。这些能力往往通过朋友或家庭成员的赞誉揭示出来，比如，超强记忆力、灵巧的手、擅长与人相处、对色彩有相当的鉴赏力、能够修理任何破损的东西……当然，人们也存在一些尚未挖掘出来的能力且自己未意识到的能力，这些也占比很大。

在职业规划咨询中，咨询师需要盘点来询者个人拥有的能力——发现和未发现的，这样来询者才能把这些能力调整、运用到职业上。跳槽和职业转换也是运用这些个人拥有的能力。你不必沮丧地认为自己"只能返回学校再学习"。为了职业转换，个人可能需要接受再培训。前提是要清楚自己已经拥有的能力，清楚下一个想转换的职业所需要的知识和技能是什么，如此才能确切地知道是否需要再培训。

能力中很重要的一项是可迁移能力（也叫通用能力、变通能力）。它们可以在人们选择的任何领域或职业中变通运用，而且不论你第一次选择的是什么职业，或者过去在什么领域工作了多久，只有识别它们，你才能知道自己可以为这个世界做些什么。

什么是职业能力？

在求职面试的过程中，你会经常被问到一个问题："你能为我们做什么？我们为什么要雇用你？"你希望能获得这个职位，而雇主也可以提供这个职位给你，现在面临的问题是，你如何让他们相信，你就是他们能雇用的最好的求职者？你对雇主说些什么才能说服他们给你这个职位？你的回答必然涉及你的知识、技能和才干——这些就是求职中所使用的语言——能够表达出你的才干、知识、效率和成就的词汇。或许你已经在简历中有意或无意地向他人表述过自己的能力，但此时，你不仅仅要识别和列举自己的能力，更需要将能力整合在一起，对能力做详细的描述，并能证明自己拥有这些能力。

能力是一个人做事或工作的潜能，是先天就具有或通过学习获得的使人把事情做好的潜能。而技能是通过后天学习和练习发展起来的能力，它是一个人从事活动时有效运用自己的天资和知识的力量。能力倾向是指你的学习能力，它指一个人的潜能，有别于你已经发展起来的技能和技术知识。比如，你具有音乐方面的"能力倾向"，也就是说你对音乐有一定的天赋，你在学习音乐方面将会比较容易，但如果此天赋没有被发掘、学习和培训，你就不能培养出完成音乐表演的技能。

许多能力、能力倾向、技能都与兴趣具有相同的名称，区分兴趣和能力是十分重要的。兴趣表明你喜欢做某事，能力则表明你能运用技能做某事，一个表达了你的偏好，另一个则指出你胜任与否的资格。比如，你喜欢打球，但不一定就能把球打好；你是个吃货，但不一定会烧菜。所以，兴趣和能力是两个截然不同而又相互独立的因素。

我们怎样才能对能力做一个详细的说明呢？

很多人说"我拥有沟通能力、团队合作能力"，但当需要他们详细描述这些能力，并解释这些能力可以做什么时，这些人就难以回答了。这样的状况主要来自于他们不了解能力的本质。如果简单地对能力进行描述，能力就是在什么地方、用什么方式、做什么事情。所以，可以把能力分成三个方面，分别是，知识技能、自我管理技能和可迁移技能。

▧ 知识技能

知识技能主要是指一个人从小到大所学的学科知识，它们是你知道的东西，比如，汽车、服装、植物、动物、心理学等。知识技能只能使用在特定的职业之中，并不会在所有的职业中使用。知识技能最显著的特征是，它是通过后天有意识的学习、特殊的培训获得的。比如，各位职场新人如果想在未来 3～6 个月后去应聘 HR 的岗位，你可以来找我学习 HR 理论课程、实操课程，找我做一对一的职业生涯规划，以此梳理你的兴趣、能力和价值观，帮助你顺利入行或转行。

▧ 自我管理技能

自我管理技能经常被看作人格特质，它往往指的是人们做事的风格，或用什么方式来做事情。比如，仔细做什么事情，或有创意地做什么事情，等等。

自我管理技能一般可以通过 MBTI 的学习来获知，自我管理技能不局限于某种工作，它可以迁移到很多工作中去使用，但不同的工作对自我管理技能的要求是不同的。

▧ 可迁移技能

可迁移技能是指你如何做事的能力。比如，你与人打交道，可以用谈话、说服、管理、服务等方式，这些都是可迁移技能，每个人可能会使用其中的一种或某几种组合的能力。可迁移技能是从生活中的方方面面，特别是在工作之外获得并得到发展且可以运用到不同的工作中去的能力。

24 岁时，我作为从一个职场新人应聘到那个年代最好的外企之一——飞利浦，当时我是从一个行政文员转行去做飞利浦 HR 的。我的面试官为什么最终会从一大群人中录取我这个似乎各方面条件都不符合招聘条件的人？我猜是我讲的一个大二时期实习的案例打动了他。

我高考考得很差，后来进入了武汉市的一所市属大学，专业被调剂到我最不喜欢的会计统计专业。大一时，我过得浑浑噩噩，那时没有手机和互联网，我们无聊得只能打牌。

大二开学了，我突然惊醒。现在回想起来，原因可能是暑假被拉去听了一节传销课。我并没有被台上口若悬河的讲师洗脑做传销，但讲师开场的话，我至今记得，他说："你们有没有想过，等自己五六十岁了，你还得每天一大早起床和年轻人挤公交，天天看老板脸色，去上班赚钱养活自己；等自己七老八十了，还得一个人颤颤巍巍地去菜场买菜做饭。为什么同样是人，别人可以开着小汽车，别人可以有人伺候，过一个有尊严的老年生活，而你活得这么惨？！"我想想，也是，我就是一个普通家庭的孩子，没权势、没背景、没钱，完全只能靠自己，如果整个大学时期我就这么混过去，我毕业以后怎么办？工作怎么找？谁给我买房？穷一辈子吗？于是我开始思考人生，决定做出改变。

到了大二，我无意间听了"楚天音乐广播电台"的台长热线节目，台长说，每天，观众的来信就像雪片般飞到台里。听到这里，我心里有了自己的想法，并马上行动起来。我写了一封信，寄给台长，说我是江汉大学统计专业的一名大二学生，我每周有两个下午没有课，我愿意不要工资去台里面帮他们拆信、整理信件。而且我还能利用我所学的专业，帮他们做数据分析，比如，喜欢听节目的听众的男女比例、年纪大小等。

不久，一个记者联系了我，我就这样得到了这份兼职。那是1992年9月，当年我的同学们都流行去做家教赚钱，我没有这样选择，因为我觉得做家教除了有收入，对个人的能力没有提高，对毕业求职没有帮助。我之所以选择一份没有一分钱还要倒贴交通费的兼职，目的就是一个——我想锻炼自己的语言表达能力和人际关系处理能力，我想早一点步入社会学习未来能用到的通用能力和可迁移能力。当想提升这些能力时，我们就要找到有这种能力的优秀人群。当年，能进电台的记者和编辑都是人才。

整个大二时期，除了上课，我都去电台兼职，并结识了好多职场高手。到了大三，我结束了这份兼职，因为我已经完成学习成长的小目标，我有了新的能力提升规划。这时，我主动申请竞选班长和社团负责人，因为我想锻炼下自己的沟通、协调、组织、当众说话和团队领导能力。

在飞利浦面试时，我把这段经历作为真实案例讲给面试官听。也因为这个原因，面试官从几百个求职者中选择了我这个最不起眼的外行小女生。现在，我作为HR专业人士来分析，面试官从我的故事中可以看出，虽然我的能力暂时达不到HR岗位要求，但我有潜力，我在他们眼中应该是一个学习力强、有主动性、为自己的未来负责、行动力强、有思想的女生。

在职业规划中，无论你的需求和工作环境有什么样的变化，当你需要勾画出最核心的技能时，可迁移技能都是需要最早和最详细被叙述的，因为它是你最能持续运用和依靠的技能。实际上，专业知识技能的运用都是在可迁移技能基础之上的，但我们往往容易夸大专业知识技能的重要性。随着科技的创新，传统工作内容在不断变化，会学习比学多少更重要。未来的 HR 工作需要不断适应新出现的工作挑战，而那些可迁移技能是所有技能中最稳定的元素，只有在这个基础上，专业知识技能才能够得以学习和应用。所以，打开你职业视野的第一步就是识别出你所拥有的可迁移技能。这个识别的过程中有两个必备步骤：

第一，识别哪些是你做得最好的；

第二，从中找到做哪些是使你更愉快的。

这样做，可以帮你区分开哪些技能是你在工作中最愿意应用和提升的，哪些短板是你最想避免或试图最小化的。然后你需要把自己的技能识别结果与其他的自我评价结果进行整合，这样就能明确你的职业目标。

职业定位——你确定要做 HR 吗

先找到自己的职业定位依据，明确这个职业是你最喜欢的、最擅长的，还是你认为最有价值、最有发展前途的。总结一下，具体的职业定位流程如表 1 所示。

表 1　职业定位流程

定位流程	行业	企业	职业
信息收集	行业分类 发展趋势	企业体制 企业发展阶段	工作内容 入门需求
职业访谈	行业细分 行业特点	企业规模 特色组织 部门架构	真实职业情况 入门软硬实力 胜出条件 职业发展路径
自我思考	这个行业有前途吗? 这个行业我喜欢吗? 这个行业我匹配吗?	什么类型的企业适合我? 什么发展阶段的企业适合我?	适合我的兴趣、能力、价值观吗? 我热爱这个职业吗? 我真的想入行深研,成为此领域的专家吗?

做职业决策的一个好方法——设想五年后的你在干什么

24 岁时,我参加了公司组织的一个美国版权课——"高效能人士的七个习惯"。其中的一个习惯是以终为始,在讲到这个习惯时,老师讲了一个故事,这个故事对我的启发非常大,因此我一直认为"七个习惯"中让我最受用一生的就是这个"以终为始"。

故事的主人公就是李恕权,李恕权有一段多姿多彩、与众不同的人生经历,他 13 岁随家人赴美,一开始上课,因语言不通,被编到"低能儿"的放牛班。过了没多久,又因数理成绩优异而被转到资优班并保送至美国国家航空航天局(NASA)接受训练,毕业后他被甄选进入 NASA 工作并获"杰出优异奖"。然而,在 1976 年,他为了生命中的最爱——音乐,开始去洛杉矶闯生涯。

在追求音乐的过程中，他也曾经历过迷茫。

凡内芮知道我对音乐的执着。然而，面对那遥远的音乐界及整个陌生的美国唱片市场，我们一点头绪都没有。我处在深深的迷茫之中，手足无措。此时，我们两个人坐在得克萨斯州的乡下，我们哪知道下一步该如何走。突然间，她冒出一句话："What will you do in next 5 years?"（你五年后在做什么？）

我愣了一下。她转过身来，手指着我说："嘿，告诉我，你心目中'最希望'五年后的你在做什么？你那时候的生活是什么样子的？"

我还来不及回答，她又抢着说："别急，你先仔细想想，完全想好，确定后再说出来。"我沉思了几分钟，开始告诉她：

"第一，五年后我希望能有一张很受欢迎的唱片在市场上发行，可以得到许多人的肯定。

"第二，我要住在一个有很多很多音乐的地方，能天天与一些世界一流的乐师一起工作。"

凡内芮说："你确定了吗？"我慢慢稳稳地而且拉了一个很长的尾音说："Yes！"

凡内芮接着说："好，既然你确定了，我们就把这个目标倒算回来。如果第五年，你要有一张唱片在市场上发行，那么你在第四年一定要跟一家唱片公司签上合约。那么你在第三年一定要有一个完整的作品，可以拿给很多很多的唱片公司听，对不对？那么你在第二年，一定要有很棒的作品开始录音了。那么你的第一年，就一定要把你所有准备录音的作品全部编曲、排练，准备好。那么你在第六个月，就要把那些没有完成的作品修饰好，让你可以逐一筛选。那么你在第一个月就要把目前这几首曲子完工。那么你在第一个星期就要先列出一整个清单，排出哪些曲子需要修改，哪些需要完工。

"好了，我们现在不就已经知道你下个星期一要做什么了吗？"

凡内芮笑笑说："喔，对了，你还说你五年后，要生活在一个有很多音乐的地方，然后与许多一流乐师一起创作对吗？"她急忙补充说："如果你的第五年已经在与这些人一起工作了，那么你在第四年按道理应该有你自己的一个工作室或录音室；那么你在第三年，可能会先跟这个圈子里的人在一起工作；那么你在第二年，应该不是住在得克萨斯州，而应该住在纽约或洛杉矶了。"

次年（1977），我辞掉了令许多人羡慕的 NASA 的工作，离开了休斯敦，搬到洛杉矶。说也奇怪，不敢说是恰好五年，但大约可说是第六年，也就是 1983 年，我的唱片在亚洲开始畅销起来，我一天 24 小时几乎全都忙着与一些顶尖的音乐高手夜以继日地一起工作。

每当我困惑的时候，我会静下来问我自己：恕权，五年后你"最希望"看到你自己在做什么？如果，你自己都不知道这个答案的话，你又如何要求别人或上帝为你做选择或开路呢？

别忘了，在生命中上帝已经把所有选择的权力交到我们自己的手上了。如果你对你的生命经常在问"为什么会这样""为什么会那样"的问题，你不妨试着问一下自己，你是否很清楚地知道你自己要的是什么。

看到这个故事时，我 24 岁，刚刚进入飞利浦并正式入行做一名 HR 专员。当时我就问了自己一个问题："5 年之后你在干什么？"我回答是："5 年后，我 30 岁了，我想成为一名外企的职业经理人，精修一门专业，做一份对公司、对同事们有价值的工作。"于是，24 ～ 30 岁的我一直在学习提升自己的 HR 专业知识和技能；27 岁时我升职为 HR 主管；30 岁时跳槽去当时世界 500 强排名第一的沃尔玛公司，职务是招聘及员工关系经理。

30 岁时，我又问了自己这个问题："5 年之后你在干什么？"我回答是："我想 5 年后过不需要朝九晚五的生活，能自己独立安排时间，利用前面积累的工作经验，做一份对社会、对他人有价值的工作。"于是，32 岁时，我遵循内心的召唤，从外企辞职出来创业，做人力资源入行的资格考试培训和实操培训，乐此不疲地做了 12 年。

38 岁时，我又问了自己这个问题："5 年之后你在干什么？"我回答是："我想 5 年后成为一名畅销书作家和中国最好的 HR 生涯导师之一，把我 20 多年的 HR 实操经验和生涯规划实践变成书和课程，帮助更多年轻人入行和学习成长。"于是，我把公司交给同事打理，闭关两年，专注写书备课，我相信我可以实现这个梦想。

现在，该你问自己这个问题了？5 年之后你在干什么？

我的分享——我为什么会选 HR 作为终身职业

每一位成年人都要为自己的选择付出努力，你的人生你自己做主，任何一个人，包括你的父母、老师、同学、亲戚甚至职业规划师，他们给你的都是参考建议，最终决定权在你手上。我写这本书的初衷就是站在第三方的客观立场，帮助你了解真正的 HR 岗位和真实的自己，帮助你做一个好的决策。

下面我就回顾一下自己为什么选择 HR 职业，一来是对自己职业生涯的一个总结，更重要的是给面临职业决策的大家一个参考。

1. 我喜欢做和人打交道的工作，不喜欢面对冷冰冰的物品，比如对着电脑做财务报表就不是我喜欢的工作。

2. 我的沟通、表达、逻辑思维、分析总结的能力还不错，并且可以继续挖掘、培养、提升。这些软技能是做 HR 工作所必需的，也是我喜欢学习和发扬的技能。

3. 我喜欢有一点点小挑战的工作，每天有一点点小变化，有一点点小刺激，而不喜欢每天一成不变的工作。HR 工作恰恰就是充满无穷变数的工作，每天面对老板、主管、经理和员工，与他们一起工作，有时斗智，有时斗勇，这很符合我工作的节奏。

4. 相比其他一线销售、营运岗位，HR 的工作压力、工作强度并不算太大，加班、出差的情况不算太多，因此要做到工作和生活平衡还是很有可能的。

5.HR 工作具备含金量，虽然它入行不难，但要做精甚至做到管理层，对人的综合素质要求极高。所以，要想做好 HR 工作，我们就要保持终身学习的理念，永远学习最先进、最前沿的科学管理知识，这在无形中会推动自己的自身素质和能力不断提升。

6.HR 这份工作的可迁移技能很多，完全可以用在家庭生活中。比如，我们用 SMART 面试技术给自己选个潜力股老公，用我们的培训和职业生涯规划技能给自己的孩子从小做好学业规划、职业规划和生涯规划，用我们 HR 特有的亲和力和员工沟通技巧处理好婆媳关系，等等。

7. 在一家公司，特别是在规范化程度高的大公司中，HR 领导者的地位还是很高的，比较容易找到成就感和归属感。

8. 因为工作的特殊性，HR 会经常参与到各个部门的工作例会或项目管理中，这能使整个人的思维和格局得到不断提高。经过不断的成长，得到老板的认可后，HR 就有机会调去子公司、分公司或其他事业部负责更重要的工作。

9. 从事 HR 工作 5 ～ 10 年，整个人的综合实力提高后，个人的格局会更大，未来想独自创业或跟同事合伙创业都有机会。

以上总结，是我对自己从事 HR 工作初衷和进阶的一个回顾，可供大家参考。

此时，我突然想起 1997 年年初，我无意间看到报纸上刊登的一则飞利浦在武汉开设分公司、招聘新员工的全英文招聘广告。当时我的英文水平只能看懂 "PHILIPS" 这个单词，其他一概不明白。我借助字典，发现招聘启事里写到要招聘一名 HR Officer，大致看明白了其职责是什么，要求是什么，而我却不符合条件中的任何一条，但当年的我，年轻，无畏，立即投递简历并敢去面试。多亏我的面试官慧眼识才，才成就了今天的我。

HR 新人入行的生涯困惑和求职规划

12 年来，在我做人力资源培训、生涯规划咨询，以及去大学校园给毕业生做就业讲座时，被 HR "小白" 问得最多的问题，我总结下来主要有 11 个。在这里我一并做了收集、整理和解答，供有相同困惑的朋友参考。

到底要不要考人力资源管理师证书

从 2003 年开始，针对人力资源管理师的资格证问题，国家人保部组织全国统考，人力资源师分为一级、二级、三级、四级。但在我 12 年的人力资源生涯中，我从来没考过证书。一般来说，去大公司参加应聘面试时，面试官常常就是这个公司的人力资源部负责人，他问你几个问题，就能马上判断你行或不行，要不要你。如果去一些初创型的小公司面试 HR 岗位，面试官十有八九是企业老板本人，只要你有见地、能逻辑清晰地回答面试官的问题，就能被录取。

虽然应聘过程如此，但是我依然建议你去考一个人力资源管理师的证书。因为有一本官方认可的证书，至少是你学习的一个证明，证书本身并不重要，考证的过程却很有意义。

第一，非科班出身的人，无论是会计、工商管理、计算机还是其他任何专业出身的人，想要转行做 HR，如果对整个人力资源的知识体系一无所知，通过考证过程中对专业知识的学习，你就会了解人力资源的六大模块：考三级的教材会告诉你每个模块是做什么的，考二级的教材会告诉你每个模块有什么方法可以做得更好，考一级的教材会告诉你集团公司的六大模块怎么做。HR 入门都从三级考起，考完后你会对 HR 有一些理论上的认识。

第二，参加考证培训班，你可以接触到你所在城市 HR 领域里的很多朋友和老师，还能结交好多一起出发的 HR "小白"，至少在 HR 的路上多了一些共同探寻者，多了一些可以请教的老师和同学。这将成为你未来入行后的人脉财富。

多年前，在我的一个二级学员培训课上，有一位男学员跟坐在他后面的另一位年长一点的男同学聊天，聊着聊着，这位男同学就被那位年长的同学挖走了。原来，那位年长的同学是一家公司的副总。你看，证还没考，工作就已经有了着落。

第三，无论考哪个级别的人力资源师证书，备考学习都是围绕HR 六大模块展开的。当你学完、考完，再把教材拿出来，用自己的语言做成 PPT，试着给其他人讲讲每个模块。刚开始可能复述不了多少，但没关系，日积月累，慢慢你就讲得多起来了，这样你就会把理论知识记得很牢。你有了知识框架后，可以再以这些内容为起点，通过各种渠道寻找相关内容，拓展自己的知识内容。

专业不对口或以前不是做这个行业的人是否可以做 HR

　　人力资源管理专业在国内起步较晚，大约在 2000 年前后，各个高校才开设这个专业，所以第一批毕业生进入这个行业已经是 2004 年前后了。而且，本科和研究生教育往往与职业严重脱节，很可能在大学教你 HR 专业的老师们，大多数都没有真正在企业做过一天的 HR，教材也脱节于当代社会 3 ～ 5 年，人力资源专业理论与实际工作难以匹配。而在工作中，我们追求的是最贴合业务需要的人力资源工作，科班出身并不是胜任这份工作的充分必要条件。很多从其他业务部门转到 HR 部门的人，发展得也很好。因为他们能非常准确地把握企业脉络，制订很多符合企业的实际需要和发展节奏的方案。

　　至于是不是科班出身，是不是以前做过 HR，这都不重要，重要的是你有没有想做这个职业的强烈意愿。只要有，你就一定会主动学习，上手也快。我大学学的是会计专业，但我毕业后到现在一直做人力资源工作，已经 20 多年了，不是照样做得很成功？

　　还有人经常问我，没有高学历可不可以做 HR？在我看来，这个职业需要的知识和技能，只要你愿意学，积极上进，即使你高中毕业，也有机会做得很成功。这个职业不需要很高的学历，需要的是终身学习的理念，需要的是不断学习和充电的状态。

　　根据领英 2017 年发布的《中国 HR 职业发展状况报告》显示：

仅有 19% 的 HR 从业者在校学习时主修的是 HR 相关专业课程，HR 从业者所学专业的排名，基本上文科专业偏多，理科专业偏少；难就业的专业多，容易就业的专业少。

需要考研吗？本科和研究生学历对入行 HR 有什么区别？如果想考研，选什么专业呢

关于是否考研的问题，在我看来，最重要的一点是你要明白，你的未来职业定位是毕业后去企业应聘做 HR，还是想考公务员找机会进政府机关，或者想继续深造。如果你像我一样喜欢到企业里做 HR，企业 HR 这个岗位并非需要多高的学历。一般来说，一个优秀的 HR，他的工作经历、经验、情商、阅历、年龄甚至体力都比研究生学历有用，沟通和协调这种软技能比纯学历更有用。

我个人的具体建议如下：

1. 如果你在职业兴趣测试中，霍兰德代码中没有 "I"，说明你大方向上就不是一个研究型的人，不喜欢写论文、泡图书馆、做调研，而喜欢实干、实用主义，那么你就不要考研了，本科就足够让你入行了。读研需要两三年的时间，对一些比较优秀的本科毕业生而言，这些时间足够你从一名 HR 专员成长为 HR 主管了。假如你本科毕业直接读研，3 年后，二十五六岁了，出学校去企业应聘，没一点实操经验，应聘不了 HR 主管级，只能从文员和专员做起。然而，一般来说，本科生和研究生的薪酬预期是不一样的，本科生比你年轻还比你便宜，企业为什么要招你呢？

当然，我还要补充一点建议，在企业工作了 5 ～ 10 年的

HR，已经小有积蓄了，这时候可以考一个在职 MBA，或者干脆考一个国外大学的硕士，出国读一两年书，开阔下眼界，提高下外语水平，给自己放个长假，转换下人生角色，学成归来，再重出江湖也是很不错的。

在我 38 岁时，我花了 3 年时间，读了英国威尔士大学的 MBA 学位，到了成熟的年纪，出去读书，真就不是为了文凭这张纸了，而是为了这个过程和经历。

很多本科毕业后直接读研的人，只是又把大学 4 年的日子重复了 3 年而已。我个人感觉，精力最充沛的青春期和打拼期这样度过，有点亏。

2. 在我看来，如果你是一个超喜欢琢磨的研究型人才，考研是个比较好的选择，而此时选择名校的意义大于选择专业的意义。国内人力资源专业排名前五的高校都是你的目标学校。我就曾去过北京人民大学、上海交通大学、浙江大学、中山大学、武汉大学进修过人力资源总裁班的课程。

为什么让你考名校？最主要看重的是名校对你的简历的背书，而且，名校能为你提供很多交流学习的机会，名校内的培训、讲座多，听各路名人、专家的讲座可以开阔视野。你还有机会跟老师做一些课题，通过这些课题，你能够接触企业的真实案例，对你的专业提升是非常有好处的。同时，毕业时，名校的平台能给你提供更多就业的方向和机会。读研的另一个好处就是，求职时，你的选择余地更大，很多企业都会将学历作为一块敲门砖。

在这里，我依然强调要以终为始！你决定考研时，能不能先回答几个问题："你为什么要考研？""要选择什么专业？""促成你考研的决定是你妈让你考的，是你们寝室上铺考了，是你的就业老师开动员会时强调的，还是你害怕毕业进入社会而想在校园内再躲三年？""你内心笃定五年后的你要干什么？"这些问题是决定考研与否的关键。

至于选什么专业，其实管理大门类下的专业都可以选。当然，心理学和法学专业也可以读，但毕业后，这类专业的就业渠道太窄。如果找不到与本专业匹配的工作，回到企业做 HR，还得从基层员工做起，投资收益比不大。2000—2003 年我作为公司校招的负责人去大学做校招时，我们内部的一个招聘原则就是不招研究生，只招本科生。

就业时选择考公务员、去国企、去事业单位还是去企业任职

政府单位是指中央人民政府（国务院）及其下属各部、委员会、局等，以及地方各级人民政府及其下属各局、委员会等。

事业单位是相对于企业单位而言的。事业单位包括一些有公务员工作的单位，它们不以盈利为目的，是一些国家机构的分支机构。

企业一般是自负盈亏的单位。所谓"自负盈亏"，即自己承担亏损与盈利的后果，有一定的自主权。企业单位分为国企和私企，国企就是属国家所有的企业单位，私企就是属个人所有的企业单位。

网上有一则新闻：一位 57 岁的母亲，3 次从老家河北去重庆，

目的只有一个，就是劝儿子回河北老家，通过关系到国企端个"铁饭碗"。为了达到目的，她去儿子工作单位闹，去儿子女朋友单位闹，用尽各种手段，导致母子矛盾升级。

还有我的一位来询者，30 岁的男生，来自三四线小城，毕业后，父亲找关系安排他进国企做秘书。他每天唯一的工作就是帮厂长、主任写开会的发言稿，每次写了改，改了写，月薪 3000 元，做了近 10 年。看似稳定的工作，却让他痛不欲生，他觉得自己已经废掉了。

为什么长辈都觉得去体制内好，希望自己的孩子能够考公务员，进政府部门、事业单位这些看起来稳定且体面的组织呢？原因有三个：一是父母那代人所处的时代背景特殊，那时候属于计划经济时代，"国家的"才是稳定、靠谱、有面子的，这种意识深深印刻在父母那一辈的骨髓里；二是越在小城市，经济越不发达，国企对政策、权力、特殊资源的依赖度越高，越容易出现国企比民企稳定和工资高的反常局面；三是父母认为自己的孩子是个没多大能耐的人，而在国企、机关混得再差也差不到哪里去，有口饭吃不难，父母打小就看着你长大，知道你有几斤几两。

每次遇到有这种职业困惑的人，我首先反问他们两个问题：

第一，在你的眼里，你的父母这一生成功吗？你想过他们那样的生活吗？如果答案是肯定的，就听他们的话；如果答案是否定的，你居然还听他们的，那么即使你再努力，最后也就混到他们现在的模样，甚至混得连他们都不如。

第二，如果道理你都明白，也接受，请问，你有打破自己的舒适圈，从零开始的骨气、勇气和实力吗？如果有，我支持你做自己，去实现心中的理想；如果没有，我劝你听父母的话，做个安静的人，闭上嘴，不要做个只会抱怨的"怨妇"，"稳定地穷着"吧。你的人生你做主，没有人能左右你。

关于国企，社会舆论上难免有些偏颇，人们总喜欢拿国企的落后和外企、民企的先进来比较。其实，有一些国企的技术人才都有相当的实力，中国大学校园培养出的很多优秀人才也大多进了国企和事业单位。

言归正传，我们究竟该如何做出正确的选择呢？

国企、事业单位、国家机关、外企、民企等，每一种类型的企业或单位都有自己独特的文化风格、沟通风格、人际关系风格和主流价值观，你要探索自己的个人风格，找到最适合自己的位置。就像我最初的选择，我去国企实习三个月，毅然决定外企才是最适合我的地方。所以，大家务必要结合自身综合情况来分析，比如你的个人志向、能力、专长、家庭期望、专业等。

在这里，我简单分析一下各种企业的特点和用人要求。

▨ 国企

虽然国企改革进行了很多年，但是一些国企的官本位思想依然严重，自由空间小。如果你特别有"官瘾"，特别图安逸，我建议你毕业后进国企。当然，进入这样的国企，你的文笔要特别好，因为有时评先进或职位晋升，要看你写的材料好不好，业绩次之。

我身边有太多找我做职业咨询的国企职员，其中有一个是几个月前从国企离职的小伙子。问他离职原因，他说："原因很简单，一年的时间，国企只教我怎么做人，可是，我想做点实事。""在办公室里一抬头你就会看到 30 岁的自己、40 岁的自己、50 岁的自己和快退休的自己，可是自己才刚 20 多岁。"

那些找我做咨询的国企职员，只要在国企待了 5 年以上，就已经很难走出来了。他们往往会瞻前顾后，思维有局限性，待得越久越纠结。如果你问我是去国企还是去外企、民企做 HR，从我个人角度而言，答案是显而易见的。

外企

外企最突出的是员工的职业培训做得很完善，薪酬福利标准也很高。至于人际关系，这个要看企业文化，可能日企、韩企有点麻烦。我个人喜欢欧美外企，那里人际关系单纯，企业文化开放融合度高。我的建议是，如果你的英语好，能够进大型外企，那将是你的职业生涯中非常好的起点。能进入中国并立稳脚跟的外企，大都是在行业内相对领先的企业。你能够进入这样的企业，你的个人职业化素养会提升得很快，从这里培养起来的好的思维模式和工作习惯也会陪伴你的一生。

不过，外企在中国的辉煌时期已经过了，1995 年到 2010 年应该是外企在中国最辉煌的时期。

民企

民企分两种，第一种是已到成熟期，规模大、知名度高的企业，比如阿里巴巴、腾讯。这类企业实行流程化管理，规章制度健全，利于员工扩大视野，为职业生涯打下良好的基础。第二种是小规模的企业，比如各种创业型企业。这类企业相对自由，发展以最终目的为导向，方法只要不违法都可以考虑，因此能人容易脱颖而出。但是在这类企业里需要做很多事，工作分工不明确。

如果一个班有 45 名同学，毕业分别去了外企、国企、民企、政府机关，只需要过 5 年，大学同学再次聚会时，他们的思维模式、人生价值观、工作习惯、做事风格就会截然不同，因为不同的企业文化造就不同的人。每次我去校园开讲座，在自由提问环节，都有同学举手问我哪种企业好的问题，其实这个问题没有标准答案，最适合你的就是最好的。另外，我还有更简单粗暴的回答："有企业要你就不错了，先去上岗再说。"

毕业根本不是学习的终点，而是学习的起点，工作岗位是让我们通过实践去学以致用的平台，无论你待在哪一种类型的企业，职业发展都是重中之重，只要我们具备与时俱进的知识技能和才干，就不怕自己没有市场。我 24 岁从一个 HR 新手入行，在 12 年的企业工作经历中，我每年都在不停地学习、考证、进修。22 ～ 35 岁多吃吃苦，35 ～ 55 岁的日子才能过得游刃有余。千万不要在该吃苦的年纪选择安逸享受，世界上没有绝对稳定的工作，只有能稳定地适应市场和应对变化的能力。

选择去已具规模的大企业还是去小企业甚至初创型的小企业

我是做招聘经理出身的，对这个问题，我的回答有一个重要前提，也是你目前没考虑到的，就是你的"职业价值观"——什么是对此时此刻的你最重要的？对于刚毕业的大学生，不要怕钱少事儿多，增加自己的实力和简历含金量才是最重要的。所以当有 offer 摆在你的面前时，我建议的优先次序是，好公司＞好领导＞好行业＞好职位＞好工资。也就是说，首选到知名大公司或到成长期的有发展潜力的小公司。

◼ 大公司的优点

我曾经服务于 3 家跨国大公司共计 12 年，我的体会是，大公司的好处是，薪酬高、福利好，公司的付薪哲学是，用高于市场 20%～50% 的工资尽可能地招募到市场上所有优秀的人才。1997 年我入职时，最喜欢的就是当时公司的福利：一年有薪年假是 12 个工作日，连上法定假和周末可以出去旅行 20 天；门诊就医费用报销 85%，住院就医费用报销 100%，生病都没有后顾之忧；公司注重人力资源管理体系，以人为本，员工职业生涯规划和培训体系健全，公司整体管理规范，工作流程清晰，工作效率高；中、高级管理人员都是极优秀的领导人，跟一群比你优秀得多的人一起工作，无论是工作技能、心智模式还是人生观价值观方面，你都会成长得很快。在这样的大公司工作，简历的含金量会提升很多，后续想跳槽时，猎头们会主动找上门来。

◼ 大公司的缺点

在大公司，你就是一枚螺丝钉，竞争激烈难以出头，升迁机会少而慢。万一企业文化不好，也存在办公室政治。有大公司的通病，如层级多、决策慢等。

▓ 小公司的优点

在小公司易于个人发展，容易培养全能手，便于内部调岗或轮岗，可以尝试做多个工种，在实践中找到自己的真正兴趣、能力和价值观。在决策上，小公司的效率很高，氛围轻松，团队小而和谐，老板会跟你称兄道弟。由于人比较少，所以每天都是一班人在一起工作，交流会非常多，在这里除了同事，或许还能交到真心朋友。

▓ 小公司的缺点

中国民营企业平均存活率为 2.9 年，很多公司做着做着就倒闭了，你也莫名地失业了。大部分小公司，工资起初相对较低，不像大公司有专业的 HR 部门，各个级别的薪酬范围是已经规定好的，薪酬福利都成体系。在小公司，有可能老板心情一好就发钱，也有可能一不留神就扣工资，感觉没啥章法，员工流失率高。

▓ 创业公司的优点

创业公司的氛围相对自由，但节奏快，压力大。这种工作环境也会让你有更多机会去做更多的事，促使你更快地成长。从理论上讲，如果选对了，创业公司最值得期待的是爆发式增长为个人带来的财富和视野的积累。

▓ 创业公司的缺点

要进入创业公司，大家要多了解一下创业团队 Leader 的人品、经历、所参与过的产品等各方面情况，再结合自身情况做出是否加入该公司的决定。如果你是因为新项目而被招进去的，假如新项目失败了，那么很有可能你也会失业了。

另外，跟什么人在一起很重要。正所谓近朱者赤，近墨者黑，大学一毕业跟什么样价值观的老板在一起，对一个人三观的树立会起很大作用。曾有一家公司，在业内口碑极差，老板甚至亲自带队去竞争对手公司砸电脑，还因此上了电视晚间新闻。这家公司每年会招200名还没正式毕业的大学生入职，然后用他们的身份证办信用卡，给自己的公司套现完成资金周转。这些刚入职的大学生每天每人要打200个以上的营销电话卖产品，完不成任务，一分钱工资没有。压榨完这一批学生，第二年再招一批。与这样的团队一起工作，你不但每天负能量满满，还会影响自己的三观。当然，假如你的老板人品没问题，但只是一个平庸之辈，那么你在他身边也基本学不到什么。

所以，你的直属领导和公司大老板如何，这是一个非常重要的问题，直属领导决定了你职业发展的第一步，大老板决定了公司发展的走向和企业文化。

■ 我的建议

1. 从大公司跳槽到小公司，永远比从小公司跳槽到大公司容易。

2. 大学毕业生最好先去大公司，找一个相对稳定且比较适合自己的环境去工作，在这期间重点锻炼自己的职业素养和专业能力，并在此基础上慢慢了解自己想要深入发展的行业，同时修正自己的定位。最初的工作态度是以学习为主、工作为辅，很多职业素养是需要首先养成的。从象牙塔里走到社会环境中，其实有很多东西是情商上的提升，待人接物、为人处世等这些东西看起来很虚，但可以说是一个人职业化的基础。培养专业能力极其重要，因为每个专业都有属于自己的学习路径，自己要始终保持好奇心、上进心，不断践行。

是图 HR 职称好听还是图一个更适合的 HR 岗位

我的一个学员，考完人力资源管理师三级资格证后入行，两年后，她的名片上就已经印上了"人力资源经理"。我在飞利浦从专员入职，做了 3 年，职务也才是一个人力资源主任。当时飞利浦中国区的人力资源老大做了 20 年，年薪百万元，职务也不过是"人力资源经理"。所以，对于工作职责，不能只图职称好听，要看内涵。因为企业规模不同，职位的称谓不同，企业的授权不同，所以职务的名称不重要，主要看负责工作内容的重要度及决策的权限。记住，在你没有真正做到一家公司的 HR 老大之前，跳槽选职位时，我们要看的是 HR 管理的水平、HR 历练的经历、HR 在企业中发挥的作用。

起步去小公司做 HR，可能会升职快，职称好听，但是不好的是，没有前辈指点，每份工作都得靠自己摸索，可能做了五年八年，一直在自己会的东西里面摸爬滚打，视野狭窄，专业技能很差，自己也心虚。等到了 30 岁，不满意现在的公司和薪水，却又不敢贸然辞职去大公司应聘。另外还有一个弊端就是小公司行政人事不分，可能你每天 60% 以上的时间都在处理没有太大价值和意义的事情。

起步时如果有机会去大公司做 HR 基层岗位，上面有比你专业能力强几倍的 HR 主管／经理／总监，人事和行政两个部门分开，只要你聪明、伶俐、爱问、爱学，几年下来，一定有升职机会。

另外，在大公司轮岗机会多，争取把 HR 的六大模块都做做，积累 5 ～ 8 年，你也可以跳到中小企业做人力资源经理，独当一面。如果你是以做招聘入行的，做了 2 ～ 3 年后，你就找机会去其他 HR 模块尝试一下。做培训模块，可以培养你的沟通表达和组织能力，比较容易接触到公司的精英和高管；做员工关系模块，可以锻炼你处理复杂人际关系的能力，对情商会有很好的锻炼；做薪酬绩效模块，能使你较好地从整体的、全局的层面深入了解公司。在入行 3 ～ 8 年的成长期，在有选择的情况下，选你最有兴趣的模块；在没有选择的情况下，把指派给你的事情做好，然后，触类旁通，自我学习，不要自我设限。人力资源六大模块其实是个整体，在工作中不断学习，争取把六大模块都学一遍，有机会的话轮岗做一遍，对自己大有裨益。我遇到的优秀的 HR 领导者，除了个别专家，几乎都至少精通三个人力资源模块，综合能力都很强。

关于工作城市选择的建议

我曾做过一个职业生涯咨询：一个 34 岁的女生，10 年前从师范大学英语专业毕业，老家在湖北的一个四线小城。她毕业时因为想有更大发展，就去了深圳，在外贸公司做业务员。3 年后想离家近一些，就回到了武汉。然而武汉外贸公司少得可怜，勉强找到一家公司做了 3 年，因为工资太低，她又回到了深圳，还在外贸行业工作。转眼间，34 岁了，年纪大了，得谈恋爱了，她就又回到武汉。目前在一家 5 个人的小外贸公司做职员，月薪 4000 元。

大学毕业 10 年，交出这样一份答卷，她来找我做咨询，我也为她感到很无奈，同时感到自己任重而道远：还有这么多迷茫的年轻人。一个人生的关键点选择错了，就会步步错。所以，越是年轻时越要思考人生，做好职业规划和人生规划。到了 34 岁，你已经没有太多机会可以重来了。

选择就业城市，其实很重要。我现在有一点后悔高中三年为什么不努力一点读书，考上北上广深一线城市的好大学？大学毕业后，为什么不敢胆子再大一点去北上广深闯闯？视野更大，成就也会更大。对我自己来说，时光不能倒流，但是对大家来说，我的经验总结可以分享给你们，使大家少走弯路。

1. 如果你的家乡是省会城市或一、二线城市，那么毕业后直接回家找工作。如果你的大学在省会城市，你也可以大学毕业后就选择继续留在那儿。我是武汉人，在武汉读的大学，毕业后在武汉应聘了外企的工作，然后买房、买车、生娃，也过得挺好。

如果你来自小城市、小县城、农村，那么不要犹豫，去一线大城市！那里工资高、机会多，且职位种类齐全，最重要的是，和一群比你优秀、比你能吃苦、勤奋又上进的人在一起，你会充满斗志。我北漂的那一年，每天早上挤地铁 1 号线转 4 号线到海淀黄庄上班，也不觉得苦，每天斗志昂扬。人的精气神非常重要。到 28 ～ 32 岁，可以考虑回到自己家乡所在省的省会城市或省内发达城市发展。

2. 在一线城市努力工作提升工作技能的同时，要多赚钱，学理财，不要当月光族。一线大城市房价高得离谱，没必要为当房奴而降低生活品质，工作 5 年左右，自己小有积蓄，可以在未来要生活的家乡省会城市贷款买一套六七十平方米的住宅或公寓，用你在一线城市的月薪来还月供，完全没有压力。

3. 到 32 岁左右，你带着一身本领从一线城市回归二、三线城市，找当地的猎头公司帮你推荐工作。我在做 HR 时，招聘中高管，非常喜欢这批从一线城市回流的员工，企业更喜欢来自大城市的经验和技术，它不光指工作能力，更多是职业化素养，还有眼界。HR 还看重你的工作稳定性，你漂泊过，体验过，心定了，自然工作时就不浮夸。

4. 回归省会城市或发达的省内城市时，父母大多也超过 60 岁了，离家近一些，可以每周多陪陪他们，让他们多享受下天伦之乐。此时，你有自己的婚前财产，工作稳定后，就可以考虑一下终身大事。如果对方也是这样规划的，两个人有两套小房子就可以置换一套大房子，再买辆 20 万左右的代步车，生活轻松而惬意。你瞧，30 多岁就过上有房有车有家有爱的幸福生活，是不是很美好？

第一份 HR 工作从哪个 HR 模块起步

招聘、薪酬福利社保是企业最常用的两大 HR 模块，也是大多数 HR 新人起步的模块，对应的岗位是招聘专员、薪酬专员、社保专员，它们在人力资源基层岗位上数量最多。一般来说，每家企业都得有这样的 HR 专员，帮老板做招聘后勤工作，比如做工资报表，跑社保局。所以，特别学习一下这两个模块，更容易入行就业。

一般做 HR 的人从招聘模块做起的人相对会多一些，一方面招聘是企业的刚需，另一方面招聘工作杂事比较多，也适合刚入行的人从基础工作做起。招聘也是 HR 新人很好地了解企业、了解市场、了解人员和组织的切入点，所以从招聘开始做是个不错的选择。很多 HR 的高层管理者都是从招聘岗位上一步步晋升上来的，他们都具有很强的招聘能力。要特别强调的是，熟悉《劳动法》是每一个 HR 的基本功，HR 每天的工作都会用到《劳动法》。

职场人想转行去应聘 HR 岗位，要提前准备什么

在日常教学中，每年我的学员中都有一定比例的人是中途转行做 HR 的职场人。大学毕业一两年，做了一些没有太大技术含量的工作，感觉心里空落落的，不踏实，因为这种没有技术含量的工作很容易被新人抢走，危机感让他们重新开始思考自己的职业生涯规划。也有一些人完全是因为不喜欢自己的工作，觉得 HR 比较适合自己，而且不是吃青春饭的职业，于是决定转行。这些人找我做一对一的职业生涯咨询。

我给他们的建议都是按步骤来实现自己的职业目标。

第一步，如果你是非人力资源专业的人，建议你先参加人力资源及社会保障部的三级人力资源管理师资格证书全国统考，学习基础的人力资源六大模块理论知识。外行入行的第一步就是知识体系的学习，争取一次性考取官方认可的从业职业资格证书。

第二步，在网上买一些资深的 HR 前辈的具有实操性的书籍和网课来学习。注意，先不要读国外翻译过来的书，它们暂时不适合这个阶段的你。如果某书的著作方式是编著，也不要买，因为这些内容大都是网上拼出来的，没有逻辑性和条理性，甚至观点老旧错误，学了反而会让你步入歧途。选择书籍的作者时，要看他的职业背景介绍。

第三步，完成前两步后，你的头脑中已经输入了很多人力资源专业的知识和技能，这时你就需要多记笔记、写总结、写分享，用自己的语言和思想重述学到的知识和技能，把理论和实操知识多次记忆、理解后变成自己大脑里的内容。在这个过程中你会接触到我在实操课程中讲的简历包装和求职技巧，这时你就可以投递简历去面试了。你要多参加面试，对面试官提出的问题在现场答不好的，要回来自己寻找答案或咨询导师。多经历几次，一定会找到自己心仪的工作。

第四步，找到工作不是学习的最终目的，把工作做好、自己不断成长才是。所以，在工作之余，可以加入一些靠谱的 HR 线上线下社群，多结交行业内导师和更多同行，多阅读本领域内的专家的文章，多参加你所在城市的线下 HR 交流活动。

选择做什么行业的 HR 最好

我开设人力资源培训学校已经有 12 年了，这 12 年来，有 18000 名 HR 从这里毕业。我在与这些学员的沟通中发现，不同阶层不同行业的 HR 收入悬殊，有的 HR 做了 10 年还是个物业公司的小主管，工资上涨的速度跟不上物价的上涨速度。有的人做了 10 年 HR，年薪 30 万元，做到集团公司的 HR 总监，买房买车，在业内有了知名度，猎头争着挖他。当然，这里面最大的原因离不开后者的自我快速成长。但行业的不同也是不能忽视的原因。比如，普通制造业的 HR 的工资福利不会太高，劳动密集型的行业如酒店、餐饮、超市等员工的工资福利也处于较低的档次，但若在高新技术开发行业里的企业做 HR，即使年纪、资历一模一样，薪水也会高很多。

1997 年，我进飞利浦，赶上了好时光。大约从 1995 年起，世界 500 强企业纷纷来中国开展业务，我刚入职时的工资是在国企上了 15 年班的老爸的 5 倍。而且公司福利好，年底全公司几百人飞香港、韩国开年会。平时同事们出差，必须住五星级酒店，否则影响公司形象。

人的职场黄金时间大约为 20 年，基本是从 22 岁本科毕业到 42 岁。如果你在 22 岁时选择了 HR 岗位，那么还要选一个自己喜欢的行业。比如，我喜欢快消行业，这个行业变化快，效率高，符合我的个人风格。虽然我跳了三家外企，但这三家企业都属于快消零售行业，这样，我的行业人脉和经验就积累下来了。

招聘经理最喜欢录取什么样的大学生

我在外企做招聘经理时，我身边的 HR 常常抱怨找不到适合某岗位的最佳人选，但又不能去大学寻找，因为学生没有竞争力。确实，在我们的调查中，60% 的雇主抱怨职位申请者缺乏人际沟通能力。很多申请者可以顺利通过微积分考试，却无法及时发现或解决工作中出现的问题，也无法成功与人谈判或主持会议。而对大学生来说，这些是只能通过工作实践获得的实用技能和经验，会取代你的学历，成为你真正的学习目标。

那么，在高校招聘中，被录取的大学生身上有哪些特质呢？

■ 职业规划相对清晰

在校招面试过程中，有一名中南财经政法大学的大学生前来面试，一开始他坐在我对面有一点点局促，但是聊了几分钟他就平静下来了。他来自湖北的大山里，是他们村的第一个大学生，他来应聘财务岗位。他在面试中表现最好的地方就是，在回答我的问题时，提到了自己未来的职业规划。他说，他已经在备考注册会计师，为此他请教了不下 20 名财大毕业的师哥师姐，了解了他们专业毕业后的八大就业方向有：会计师和审计师事务所，投资银行，商业银行，咨询公司，政府机关、中国人民银行、审计署、证监会、保监会、银监会，500 强等跨国公司财务部、审计部，国有大中型企业的高级财务人员，其他评估公司、评级公司、律师事务所。经过综合分析，他认为自己更适合做企业的会计工作。而且，他还有一个五年规划。

对自己的职业规划如此清晰的人，是非常容易引起招聘人员的注意和欣赏的，面试也容易成功。

■ 自律

有一个女生，她说她大学入校时体重有 160 斤，而她面试时坐在我面前看起来也就 120 斤左右。谈起自己在大学四年是如何瘦下来的，她很兴奋地说，她每天晚上都坚持去操场跑圈，坚持学英语，每年寒暑假都去打工或做义工，时间安排得满满的。这样一个自律的人，即使她的专业与我们招聘的职位不是特别对口，我们也很愿意录取她，因为她是一个在学习、工作、生活三个方面都对自己有严格要求的人。

▨ 积极心态

有一个男生在面试时讲到，他所在的大学是一所学风不太好的三本院校，很多同学沉迷于游戏，自暴自弃。他一度也很颓废，但是后来他战胜心魔，奋发读书，积极参加校外实践，慢慢找到了自己的目标和方向。这种积极向上的心态，也是招聘方非常喜欢的一种特质。

▨ 心智成熟，能独立思考

不再单纯天真得令人担心，不再以自我为中心，这种成熟的特质可能是面试官最想看到的个性特征，尤其是对于应届毕业生来说。一个不成熟的人会经常把"我"挂在嘴边，比如，"我喜欢富有挑战性的工作""我具有领导能力"。然而，一个成熟的职场人，更多的时候会说"工作"，比如，"工作要求我应付挑战，我就会拼尽全力去应付""工作需要我领导一个项目的时候，我乐于承担任务并且有能力胜任；如果工作不需要我担任一个领导者，我会乐于做一个被领导者，因为，我是谁并不重要，重要的是，大家一起可以把工作做好"。从学校走向社会，首要解决的问题就是不要做一个思想幼稚的人，而要做一个有思想的独立的人。

▨ 具备扎实的专业知识，并有一些不错的实践技能

在求职面试时，招聘方不一定要你的职位必须与你的专业对口。对于一些企业来说，招聘方更看重的是你是否真的探索出了自己的职业兴趣，以及你在大学期间为自己毕业后的求职做了哪些行动。有一个女生是学化学的，她来应聘 HR 专员的岗位，她不但展示了她考取的两本与 HR 相关的证书，还谈了自己对 HRBP 的见解，这让我们对她非常有好感。

▨ 沟通表达能力好，有学习力

作为大学生，在大学时参加社团和学生会工作还是很有必要的。有了实践经历，你才能向面试官证明你在大学期间做了什么，培养了什么能力。

▨ 做事有目标性、计划性，有执行力

有一个理工科学生，在面试时，我问他有没有做过特别厉害的事，他说，大二时，他用 22 天的时间从武汉骑行到拉萨。他还把一路的艰辛故事讲给我听，我听完就把他录取了。现在，他已经是企业的销售总监了。

HR 新人入行后的职业发展规划

HR 职业成长路径：HR 专员→主管→经理→总监→副总

HR 是一个不能着急的职业，需要你不断学习、实践、总结、成长。HR 职业的成长路径是，专员／助理→主管→经理→总监→副总，这 5 个岗位是最常见的岗位，一般入行从专员／助理做起，2～3 年晋升到主管，3～5 年晋升到经理，5～8 年晋升到总监，8～15 年可以做到资深的 HR 总监，这时一般会被提升为副总。如果你 22 岁本科毕业，经过 10 年左右的职场修炼，大约 32 岁，你就能成为 HR 管理层，在 HR 领域将会足够专业和成熟。

HR 要有终身学习的理念

刚入行时，你可能是一名 HR 专员，或者只是一名前台文员或 HR 文员，如果你永远只完成领导交代给你的工作，只做分内事，你就永远只能做一个文员，得不到成长和提升。一般来说，大概只要半年左右时间，你就已经能够胜任自己的本职工作了。我的建议是，此时你要利用其他时间考一个人力资源管理师三级资格证书，并且在公司里多观察其他 HR 是如何工作的。理论结合实践地思考一下，如果你是公司 HR，在工作流程上应该如何改进。在 HR 们非常忙的时候，你可以主动帮他们做一些力所能及的事；在他们不忙的时候，你可以拿着你的人力资源管理师三级教材去请教下 HR 经理。这会让你的直属领导或更高层的领导发现你是一个上进的人，一旦 HR 专员／助理有空缺岗，自然第一个就想到你。

做了 3 年左右的 HR 专员，你应该已经熟悉至少 3 个 HR 模块（常见的是招聘、薪酬、社保）的工作内容了，这时你就已经具有做 HR 主管的资质了。HR 主管不仅需要具有解决实际问题的能力，还要具有安排及指导部属工作的能力，同时需要在工作中不断实践磨炼并提升判断能力、决策能力、沟通协调能力等软技能。除了这些软技能，专业知识的学习也不能放松。此时，你要学习薪酬体系设计、绩效体系设计、人力资源战略规划、培训、员工职业生涯规划、员工关系团队建设等。如果你未来想去大型和超大型公司做更高级的人力资源职务，你的本科学历是不够好的，还需要进修升级，建议你考名校的 MBA 学位。此时，你需要提升商业思维能力，重新进入一个商业精英的人脉圈。经过这些理论和实操的学习和实践后，再经过 5～8 年的时间，你就可以胜任 HR 经理或总监的职位了。

经常有人问我："是专攻一个模块做精深专的 HR 好，还是做一个全面的 HR 好？"我始终强调的是，先成为全面的 HR，让自己的 HR 各个模块的理论、实操经验丰富，之后再根据自己的兴趣、性格、价值观还有机缘深入研究最适合的自己的模块，最终成为该模块的专业人士。

在整个 HR 的学习成长过程中，我以过来人的经验再送大家一句话，那就是，无论你在外企、国企还是民企，做什么级别的 HR，你都需要深刻了解老板的想法！

HR 职业道德规范

"要做一个公平、公正、诚实、正直的人。"这是我刚入行时，我的 HR 总监给我入职培训时讲的第一句话。它深深地融入了我的血液，成为我做人的根本和不可动摇的人生价值观。

好的职业操守是做 HR 的必备品质，HR 因为工作性质的关系，会接触一些重要又机密的信息，拥有一些特殊的权限，所以操守无比重要。HR 说话、发文、行事都代表公司的立场，如果没有诚信，将严重影响公司管理的权威性。

■ 正义

一个优秀的 HR 要有正义感，面对公司里面的"恶人""歪风邪气"要坚决抵制；面对需要帮助的员工，要为其提供帮助；面对好人好事，要去提倡、宣扬、表扬、提请奖励。没有一颗正直善良的心，你根本做不好 HR 这份工作。

■ 公平公正

HR 做人做事都要体现公平公正的价值观，一个不公平的处理会引发更多的不公平。只有长此以往坚持这个原则，你才会得到领导和员工的信任。

▨ 拥有宽广的胸怀和坚韧的品格

从事 HR 工作，需要经常与公司里各个层级的人打交道，有讲理的人也有不讲理的人，HR 只有不计较个人得失，不计个人恩怨，有宽广的胸怀，以长远的眼光看人看事，才能顺利将工作做好。

一家外企在给新聘用的 HR 做入职培训时，都会给他们发一份"工作提引"。我将其引录于此，希望大家可以感受一下，外企是如何将比较虚的价值观、企业文化落实到日常工作中去的。即使你现在还在要求不高的小企业里工作，我也希望你能按照这个指引做到每一条。只有严格自律，才能修炼成才。

很高兴我们有机会在这个优秀的团队里共同工作！

作为公司文化和政策的守门人，人力资源部的同事应以身作则，成为公司其他同事的榜样，始终保持专业化及正规的职业形象。为此，请各位人力资源部同事共同遵循以下守则：

遵从公司文化及其政策，并积极通过自身的工作行为、恰当的培训方法、制订的有关政策和制度及其他管理活动加以灌输、传播并实施，使公司文化及其政策能被切实认同和实行。

勇于迎接挑战，迎合未来发展的需要，不断提升自身素质，以保持良好的专业水准。

永远深信个人的成长有赖于团队的成长。各经理、主管的主要工作职责之一，就是培养及训练其他同事，并确保他们能随整个团队一起成长。因此，任何同事均不要犹豫与其他同事分享你的知识、智慧、心得和专业经验。

高质量完成所负责岗位的工作，并及时反馈，坚持做到日落原则。

每周制订下一周的工作目标及改进方向，以发现工作中潜在的问题，不断改善以达至最佳效果。

保持良好的团队意识，以团队利益为重，具备良好的合作精神。经常保持与主管及其他同事的沟通，以保证每项工作的及时跟进。

诚实、正直、敬业，并始终保持良好的出勤纪律。

具备追求卓越的精神，确保最后完成并提交的每项工作都已经过仔细检查与确认，以保证工作的准确性。

努力工作的同时充分发挥聪明才智，寻求更佳的工作技巧。

公平客观，避免出现偏私及利用职权之便谋利的现象。

不就升职情况或工资水平与本部门其他同事或其他部门做比较。

严格保守秘密，不向无关的人员传递公司或你工作范畴内的机密信息。

当结束工作或离开工作岗位时，应确保有关文件、资料已被妥善放置。包括但不局限于：

- 应聘者的个人简历；
- 已签署的劳动合同；
- 员工的个人档案；

- 有关薪资的任何资料；

- 个人病历；

- 在讨论中但未最后确认的人事变动；

- 与同事利益相关的资料；

- 其他规定需要保密的情况。

为避免利益冲突和偏私嫌疑，不提倡人力资源部的同事与本部门内部（包括总部及所有分店人力资源部）及公司内其他部门（包括总部及所有分店的所有部门）同事发生浪漫关系。

尊重个人，包括尊重个人的隐私，处事大方，不传播小道消息，不说长道短，避免制造事端。

保持良好的顾客服务意识，具有专业精神，礼貌对待内部／外部顾客，不得与人争吵。

保持良好的办公室礼仪：

- 保持整洁、干净的个人外表和个人卫生，工作时间应保持适当的穿着；

- 周一至周四须穿着正式的职业装；

- 周五可穿着大方得体的半休闲职业装；

- 周六可穿着休闲装或牛仔T恤；

- 保持办公室区域的整洁卫生，确保离开时关闭电脑屏幕，保持桌面干净，文件摆放整齐；

- 用完他人的办公设备后，确保该办公区域恢复整齐；

- 借用他人的文件、办公用品，应及时归还；

- 爱护办公设备，节约用纸及办公文具；

- 当其他同事不在岗位上时，在三声电话振铃内，帮助接听电话、记录留言，并保持良好的电话礼仪；

• 接听电话时，尽量控制时间，提高效率；

• 打印文件时及时取走打印的文件，以免给其他同事带来不便；

• 外出或临时改变工作地点时能告知其他同事，留下联络方式，以便在紧急情况时能即时联络；

• 同事间交谈时，勿大声喧哗，以免影响他人工作。

成为一名才貌双全的 HR

在前文中，我讲了很多有关 HR 的内在修炼，既然要内外兼修，在这里，我就来讲一下近年的一个热词——颜值。

在现代社会，每个人身上的标签太多了，学历、专业、职称、阶层等社会属性的东西很多，但颜值是难得的生物属性。所以颜值的用处之一就是在同样的情况下让人获得优先权。比如企业招聘，在水平都差不多的情况下，那个长得好看的员工被录用的概率会更高，甚至 HR 在挑简历的时候也会先看照片。

当你的内在还没有机会展示时，你的外表已经给世人看到了。每当我看到才 30 岁出头的 HR 们那么早就放弃自己的外形、身材时，就觉得好可惜，颜值是父母给你的资本，30 岁之前你可以任意享受。30 岁以后的魅力要靠修养来提升，是自己给自己的资本。而这个资本是你一辈子不会丢的东西。

当然，不是每个人都貌美如花，但是有一句话说得好，颜值不够身材凑！好的身材不仅能弥补颜值上的不完美，更能让颜值在线的人变得更加有魅力。

我身高 170 厘米，年轻时体重一直在 53 公斤上下，这个体重维持了十几年。人到中年，身体开始发福，特别是 2016 年春节之后，我的体重一度飙升到 75 公斤。看到镜子里的自己，向来讨厌去健身房的我，毅然办了一张健身卡。我还跟教练说，一定要给我办张最贵的卡，然后定一个有效期，逼着我在有效期内来锻炼，否则偷懒一次，我就会损失好几百块，好心疼！我最终坚持了下来。如今我的体重虽然再也回不到 53 公斤，但我已经成功减脂 15 公斤，这半年来体重一直维持在 59 ～ 60 公斤。

除了锻炼，我还坚持每天吃健康餐，每周至少去健身房 5 次，做力量和有氧训练，每次 60 ～ 90 分钟；每天主动喝 2 升水；每天晚上 10：30 必上床睡觉，早上 6：00 起床，保证 8 小时睡眠。就这样，我坚持了两年，身体调整得非常健康，这两年里没有生过病，连感冒也没有过，去做年度体检，全部合格，而且体测时，机器说我的身体年龄比实际年龄小 4 岁！

身体好、精力好，我们才可以去做自己人生梦想清单上的事。我从懒散的运动小白到今天的自律达人，还总结了一套关于吃喝、运动、健康生活的经验。为此我还开了一个社群，每个月 1 日开营，带领和监督大家变美、变瘦、变健康，名字就叫"自律营"。

最后还有一些建议送给大家：

要做一名成功的 HR，要内外兼修。对内保持积极乐观的心态；洞察各种复杂的人际关系，培养对人的敏感度，能从各种复杂的人际关系中抽丝剥茧；保持良好的职业素养；稍微培养一点霸气。对外要精通自己的专业，持续学习人力资源理论知识和实操技能；将知识和工具运用到实践中，积累经验，总结出自己的一套理念和思路。

HR 未来职业发展方向的可能性分析与提前规划

如今，国内企业越来越重视人力资源在企业经营中起到的作用，员工的职业规划被当作人力资源部门的工作重点之一。然而有点自相矛盾的是，人力资源工作者自身的职业规划却往往被忽视。HR 每天帮助员工做职业生涯规划，却有不少 HR 忘记了给自己做职业规划，自己将来要干什么？未来两三年、五年、十年甚至更长时间，自己的事业和人生成就要达到什么高度？这也是很多 HR 迷茫的地方。

在我看来，人力资源管理者的职业前景是非常广阔的，职业生涯道路也是很宽的。一个勤奋工作的人力资源管理者会有开阔的眼界，因为她所接受的教育是最新的管理理念和技能，很有前瞻性。

一般来说，几乎每种职业都有三大发展方向：一是管理方向，成为职业经理人；二是专业技术方向，成为技术高手；三是成为创业者。

▌ 管理方向

从 HR 专员入行，一般经过 8 ～ 15 年的经验积累，成长为人力资源经理 / 总监，加入公司战略管理层，未来会成为分管人力资源/行政的副总，也有做到总经理的案例。

还有一些HR，特别以男性居多，中途会转行到业务部门，去销售一线的市场部门。这个转型挑战性很大，做得好的人，都具有快速学习能力。比如，本来在集团公司的人力资源部任职的HR，受到老板赏识，便将他派到下属分公司或子公司担任高级管理职务，最后出任某个事业部的总经理。

职业经理人也有可能成为公司合伙人，持有股份，但他的本职还是人力资源总监，还是职业经理人。想实现这一个质的改变，"能力和人品能否得到老板认同"特别重要，在小企业的HR更有这个转变的机会。

▧ 专业技术方向

在知识经济时代，HR应该是自我学习能力很强的人，因为知识可以转化为生产力。HR要在专业技术方向走得更远，需要有很强的影响力和快速学习的能力。在这方面，HR未来的职位提升主要有以下三个方面。

（1）做商业培训师、自由讲师或挂靠一些讲师经纪公司。

如今，走这条路的HR高管逐渐多了起来。但分析成为培训师的条件，从现在市场上已做得较好的人士来看，第一，要么你有国内外名牌大学的硕士甚至博士以上的高学历，要么你曾在世界知名的跨国外资企业或国有著名的大型企业工作过至少10年，是高管人员（部门总监以及以上职位），而且自己做出过很漂亮的业绩；第二，你要有丰富的培训经历，比如曾给大企业做过培训；第三，你要有良好的表达能力、娴熟的授课技巧；第四，你要在某一方面真正有自己的一套行之有效的实施办法（这是实力，也是最重要的一点）。

这个行业有一个价格定律，商业讲师的定价正相关于讲师经济机构的平均教学质量，负相关于机构教师质量的离散程度。企业方在寻找商业讲师时，在网上无意识地搜索一个关键词就可能搜出来几百名讲师。但是，对企业方来说，因为有试错成本和负面口碑，万一自己选的讲师不好，企业内训讲砸了，HR 负不起这个责任。因此，企业方自然愿意支付更高的价格，通过一些讲师经纪公司来邀请讲师。而讲师经纪公司的核心工作是通过筛选、培训和管理讲师来提升整体质量。所以，如果你想从职业经理人转型做 HR 商业讲师，可以先选择与市场上优秀的讲师经纪公司合作，他们还会提供讲师定位、包装、培训等各项服务。

当然，如果你一开始转型就选择做自由讲师，我的建议是，要谨慎。此时，考验你的不光是你的授课技巧，更考验你的营销能力。能不能把自己卖出去，还卖个好价钱？首先要判断自己是否有独立的市场影响力，其次要判断自己是否有足够的市场营销能力来维持自己的影响力。以我为例，我目前除了是一名创业者，还是一名人力资源课程的自由讲师，在全国授课。我讲的最多的主题是"中高管的人力资源管理领导力技巧提升""招聘面试技巧""绩效管理""劳动法""员工关系与企业文化建设"等。

（2）成为企业管理咨询师，未来做高管教练。

人力资源管理模块中的人力资源战略规划组织变革、薪酬体系设计和绩效体系设计，是企业方特别想做的三个模块。但企业内部的 HR 团队做不了，因为它们太需要技术含量了，所以，市场上应运而生的管理咨询行业就把人力资源管理咨询作为自己内容架构的一个重要分支。

同时，你还可以成为自由咨询师或加入一些咨询公司，做得好了，你还有机会成为合伙人。然后利用自己丰富的管理工作经验这一优势，对一些企业进行人力资源管理诊断咨询，及时发现问题，减少人为管理失误带来的损失。

（3）成为自由猎头或加入猎头公司。

利用自己各方面的人力资源界的关系，以及对企业欲招聘人员的了解，逐步成为某方面的专业猎头。

（4）成为劳动法律师。

由于工作关系，HR会经常处理一些企业人事劳动纠纷，随着时间的推移，逐渐积累了处理这方面业务的实践经验。若你本人喜好研究这方面的案例，将对从事这方面的工作大有益处。当然，你不仅要对相关法律有浓厚的兴趣，还要对其有一定的研究，并愿在此方面发展下去。

■ 创业方向

做了多年HR，最后你也可以自己或与人合伙开办一家人力资源公司。这不仅考验你的经营能力，也检验你是否有精明的头脑和坚定的信念，还需要你在经济上有一定的承受能力。比如，千万不要卖房创业。创业成功率很低，我创业12年，对此深有体会。当然，你可以选择任何创业项目，不局限于HR领域。在我2006年创业的同时，一名HR男性友人也下海创业，他开了洗脚城，是当年开洗脚城的创业者中最有文化、最懂人力资源的，如今他的洗脚城早已发展为全国连锁企业，资产上亿元了。

关于日后的选择方向，其实没有好坏之分，最重要的是你要对自己有清醒的认识：你的内在驱动力是什么？你的价值观是什么？你认为的"成功"是什么？

第 二 章

现身说法——资深 HR 经理告诉你 HR 入行和成长的秘密

　　我做线下人力资源培训已经有 12 年了，在这期间，接触了各行各业的 HR。作为 HR 行业的中高层管理者，HR 经理的入行和成长路径特别有代表意义。在这里，我邀请了几位来自不同行业的资深 HR 给各位 HR 新人现身说法，希望给大家带来更多启发和借鉴。

　　这些 HR 经理的经验分享包含了下面内容：

　　1.本行业的发展现状和发展趋势、本行业的就业现状和就业趋势。

　　2. 本行业的关键岗位及职业发展路径。

　　3. 自己从事 HR 工作的心得体会。为什么选择 HR 这个职业？入职时觉得公司为什么选择了自己？哪些学习或工作经历对自己目前的工作很有帮助？ HR 职业需要哪些基本素质、知识和能力？

　　4.HR 入行的职业规划建议。如果有人以后想进入自己所在的行业从事 HR 工作，要提前做哪些准备和积累？在校生应多参加哪些社会实践的活动或学习？

　　5. 招聘一个 HR 下属，比如 HR 专员时，职责和工作要求是什么？最看重的是什么？对简历设计和求职面试有何建议？

　　这些资深行业 HR 导师的经验分享，对 HR 新人非常具有实用价值。希望大家能带着独立思考的精神来阅读这些文字，然后结合自身情况设想和规划自己的未来。

第一位导师：宋娟娟

所在行业：石油化工行业

企业性质：民企

工龄：20 年

HR 从业工龄：15 年

如果以 10 年为一个分界点，我的职业生涯中的前 10 年是"成长历练，成家立业，学会担当"，知道自己想要什么、不想要什么，是认清自我的一个必经过程；后 10 年就是"笃定目标，吸收知识，不断涅槃"，真心接纳自己的缺点，只做更好的自己的过程。人生的任何一个阶段都是宝贵的经历，它们造就了现在的我，所以我喜欢的是一个完整的自己！

我现在供职的这家企业属于石油化工行业，是一家"以贸易带物流，以物流促贸易"的综合贸易公司。这家公司有自己的物流园、运输车辆和水运码头，年销售额位居全国同行业前列。加入此公司之前，我的从业经验也是挺丰富的，我曾在批发零售行业、机械制造行业和房地产行业从事 HR 工作。每次转行对于我来说都是一次新的挑战，并丰富了我的阅历。HR 的工作没有那么严格的行业之分，这也是我喜欢它的原因之一。

现在，我就从入职一家新公司该如何开展 HR 工作说起。

▓ 以行政事务为切入点，快速融入公司

初入公司，我一般会着手梳理公司组织架构、公司管理制度和岗位职责。从专业角度来看，每家公司在某些方面总是会有这样那样的不足，HR 就要从这些基础岗位职责入手。我曾接触过一些所谓"专业"的 HR，他们张口"人力资源规划、薪酬改革"，闭口"我是做人事的，不做行政，不是来打杂的"！其实，在我看来，能把烦琐的行政工作做出新高度，恰恰是一个 HR 专业素质的表现。从我自身角度讲，如果现在有一名人力资源专业出身的人事专员，时不时对行政工作安排提出异议，而另一名其他专业出身的行政文员，在工作中表现出很高的配合度，且在自学人力资源专业课程，我一定会给后者更多机会。

我建议，初入公司的 HR 新人要想快速融入公司，首先做好以下三点。

（1）美化办公环境，盘点家底。

保持公司办公环境整洁优美可不仅仅是保洁阿姨的事。在保洁阿姨完成基础工作之后，HR 可以对办公环境进一步美化，比如，增加绿植，组织大扫除，清理多年积累下来的旧物，进行办公用品

和设备的盘点。在这些工作过程中，跨部门的沟通合作会比较多，办公环境潜移默化的改变会赢得大家的认可；本部门的成员也在处理具体事务中进行了工作磨合，为日后部门团队协作打下了基础。

（2）健全基础制度，了解主营业务。

HR 要将各类制度进行详细分类，按轻重缓急逐一进行梳理。从考勤制度、会议管理制度等日常制度入手，比如，通过上下班的员工日常打卡，可以了解员工的精神面貌，知道谁是劳模、谁是迟到大王等。通过参加公司例会，做好会议纪要，会让 HR 更快了解公司业务。参加两三次会议后，HR 就不会再说外行话，更加熟悉公司的主营业务、了解核心岗位，与业务部门、管理层的沟通更加顺畅。

（3）组织、筹备关键活动，体现综合协调能力。

公司的重点活动，比如周年庆典、年会、拓展培训等活动的组织工作也是展现以 HR 为主的后勤部门组织协调能力的关键时刻，这时候身先士卒、积极参与是胜任 HR 工作的首要条件；条理清晰、逐步推进、责任到人是 HR 工作的诀窍；跨部门工作协作顺畅是 HR 工作成功的关键。在我参与的公司大型活动中，HR 部门成员的表现都是可圈可点的。

■ 专业事务专业解决，体现价值

以行政工作为桥梁，我相信 HR 部门已经给公司全体员工留下了良好的印象，那么接下来一大波体现专业的机会就要来了：平时大家一定要注意各类人事数据的收集和整理，每到年底，一份完整的《公司人力资源盘点》会给 HR 的专业度加分不少。

　　在人力资源的六大模块中，在新公司头一两年涉及最多的就是招聘、培训、员工关系、薪酬和绩效（基础执行）。关于人力资源规划、薪酬管理和绩效管理几个模块，没有做到公司高层的 HR 是无法深入的。在这里我就分享其中最常接触到的两个模块。

　　（1）招聘。

　　我本人从不掩饰对招聘工作的热爱，我会通过研究各部门需要人才的岗位要求，去选择最合适的招聘渠道。网络招聘是现在最普遍的一种招聘方式，这要求公司网站的内容一定要充分展示公司的优势，因为它是应聘者了解公司的重要窗口。另外，网络招聘平台的选择也很重要，哪家以招聘基层员工见长，哪家关于应届毕业生的信息最多，等等，HR 都要了解。而现场招聘会拼的是公司招聘团队的协作能力，招聘会需要投入的人力物力较大，要提前做规划，现场的人员分工很重要，要力争在与同行企业现场“短兵相接”时占据优势。公司员工转介绍和公司内部竞岗成功率较高，但要注意推荐人与被推荐人最好不要入职同一个部门，是上下级则更是大忌。

　　我做过几年业务工作，至今仍然觉得这段经历让我受益匪浅，我总觉得招聘工作跟做业务拓展是一样的，业务人员是在推销公司的产品，而 HR 推销的是公司本身。在推销自己公司的时候，企业的历史、文化和核心竞争力，企业员工的发展平台，这些都需要总结和提炼，并且用自己最擅长的方式表达出来，你的光、你的热会吸引有共同磁场的人。有些 HR 不喜欢招聘，觉得压力很大，常为完不成招聘任务而烦恼。过去我也经常会为某个已经三轮面试成功却最终没来入职的人才懊恼不已，为之前付出那么多的精力却最终无结果而难过好几天。但是现在我已百炼成钢，在招聘时，所有的岗位我都会多备选几个候选人，没有合适的就再去寻找，不去纠结"为什么这样"之类消磨意志力的问题，我相信"一定有更好地在等我"。其实，招聘工作也需要天时、地利、人和，当你坦然面对挫折时，幸运女神就会来敲门了。因为任何努力而认真的人，都会获得奖赏！

（2）培训。

完整的培训工作应该以公司上下征询收集到的培训需求为基础，结合公司实际状况（资金支持、主营业务淡旺季）来制订培训计划。基层岗位员工适宜形式活泼、参与度高的现场培训，比如室外拓展、现场指导示范等；中高管适宜集中授课、进修、交流参观等培训方式。培训有内训和外训之分，内训包括新员工入职培训、管理制度培训、企业文化、行业发展、岗位工作技能培训等主要由HR部门或业务骨干主导的培训；外训主要指借助企业外部力量进行的提升培训，还有聘请专业讲师参与的有特定主题的培训。

根据我的经验，在培训工作中，HR一定要将培训对象进行分类——是基层员工还是业务骨干——给认知水平在一个范围内的人员安排一个层级的培训很重要，这直接影响到培训的内容、形式的制订以及收获的结果。最后，培训结束后，HR不要忘记做培训结果评估，领导最希望看到他的真金白银花出去后获得了哪些效果，这也直接决定了领导对下一次培训的支持力度。

对于初出校门的大学生们，我的建议是：

第一，勇于尝试，不断试错。

任何职业都不要只看到它外在的光环，趁着年轻，不断去亲身实践才是正途，不要急着找近路，要寻找适合自己的路。

第二，不断学习，适应变化。

不要痴迷专业，任何你从书本上学到的知识，从某种意义上来说都已经过时了，现在是一个知识更替非常快的时代，人力资源三支柱管理理论已经大有取代人力资源六大模块之势，在"互联网＋"时代不学习就无法跟上时代步伐。

第三，相信明天一定会更好。

初出茅庐的迷茫、彷徨，我们都是经历过的，要相信付出一定会有回报。

最后，我想说的是，无论你选择什么职业，如果你愿意为了做得更好而付出时间、精力与金钱不断学习提升，如果你从自己的工作中收获了成就感和自豪感，如果你能面带笑容、毫不犹豫地回答别人问自己是做什么工作的，那么这个你所从事的职业就是最适合你的职业！

第二位导师：袁泉

所在行业：物业管理行业

企业性质：民企

工龄：15 年

HR 从业工龄：8 年

  我所从事的行业是物业管理，中国的物业管理始于 20 世纪 80 年代初，最早的物业管理开始于深圳经济特区。近年来，中国房地产市场持续升温，为物业管理行业提供了良好的发展机遇，经营规模持续大幅增长。

  展望未来，中国物业管理行业将进一步发展、完善和成熟，一个竞争激烈、管理完善、服务理念提升的时代即将出现。特别是随着我国市场经济体制的不断完善，民营物业管理企业的发展前景是非常广阔的。

我所在的公司为集团化管理的物业公司，覆盖全国 25 个中心城市，物业管理的类型也由住宅型物业扩展到工业、商业、写字楼、政府机关、医院、学校，越来越多样化，宾馆、酒楼、娱乐场所、市政设施也都需要引入现代物业管理。区域的扩大，管理种类的增加，将使物业管理大有作为，虽然核心仍然是管理物业，但其内涵将更为丰富。比如，物业行业可以涉入房地产业的租赁与二手房销售、社区内的商品零售业与信息产业、金融保险业、旅游业、物流业、教育业等诸多行业，实现物业服务企业的创富能力，摆脱微利行业的束缚，力促物业行业实现更大的社会效益和经济效益。物业行业的延伸和发展，必将带来更多的就业机会。

我是一名有着 8 年人事工作经验的 HR，目前在武汉市某物业公司任 HR 经理，公司有在职员工约 400 人。我个人比较喜欢从事明确有序的工作，性格温厚朴实，一直在 HR 这条路上不断摸索和学习，努力提升自己。我是从薪酬模块做起的，然后延伸至其他人力资源五大模块。物业行业是个劳动密集型行业，工作要求严格细致，因此人力资源工作体量较大且复杂度高。在物业公司任职期间，六大模块的人力资源工作我全盘做过，无论工作大小，按照轻重缓急的顺序，遇到困难就去想办法，尽自己最大的努力，克服一切困难去完成工作。工作中有很多的问题和不顺畅的环节，我只会想如何解决工作的难题，没有时间去抱怨和忧愁。因为抱怨和忧愁并不能解决工作问题，只会影响心情和占用自己宝贵的时间，影响自己的工作效率和进度。

通常 HR 部门员工是全公司最早到、最晚走的人。白天的时间需要处理各项事务性工作，晚上必须总结问题和解决方法，不断优化自己的工作流程和工作方式。在此我可以将我的日常工作介绍给大家，每天除了完成日常的工作任务，月度和年度的重点工作一样也不能拉下，若平时不高效工作，生活会受影响。

按照每日工作安排来看，我的每天都是满满的，具体情况如下：

08：20：到达公司，换好工装。

08：30：查阅邮件和 OA 工作通知／重要消息。

08：40：拟订当天工作计划。

09：00：参加人事行政部部门晨会，汇报自己当天的工作计划，了解其他同事的工作计划。

10：00：参加面试／复试；审核各个模块 HR 下属提交的工作表单，核查数据是否属实。

11：00：各项基础人事表单的签批及提报（主管级以下员工的入职／周考核等绩效考核单据、转正审批、变动审批、考勤及休假等）单据。

12：00：就餐，就餐期间和员工交流，从侧面收集员工的工作状态及部门工作状态，有问题及时疏导。

12：30：查阅自己当天的工作进度，在必要时及时调整。

13：00：参加面试／复试；了解下属的工作进度，对下属的工作进行指导和管控。

14：00：去项目解决实际的工作问题，找相关部门员工沟通协调，完成集团下达的工作任务，审批 OA 流程和回复邮件。

16：00：向人事总监通报工作进度或争取资源解决工作问题。

17：00：跟进提报领导（主管级以下员工的入职／周考核等绩

效考核单据、转正审批、变动审批、考勤及休假等）单据的审批进
度；如单据审批完结，监督下属及时完成各项目提报单据的批复、
人事各项台账数据信息及时更新和纸质版单据存档工作。

18：00：整理当天的工作完成情况，总结自己的工作问题，
初拟解决工作问题的方案。

19：00：了解目前国家的时政信息，学习人力资源专业技能。

按照每月工作计划来看，我每个月的工作日程都是繁忙的，具
体情况如下：

每月 1 日完成审核上月全员考勤、奖惩数据、花名册、雇主
名单。

每月 3 日完成审核管理层员工的下月工作计划／本月工作总结。

每月 4 日完成审核全员绩效考核结果。

每月 5 日审核经营项目提成数据。

每月 6 日完成个税申报和社保缴纳流程。

每月 7 日完成工资基础数据（入离职人员信息、考勤、绩效、
津贴、奖惩、离职扣款、社保公积金费用）签批流程。

每月 8 日完成工资表的复核。

每月 9 日完成工资表的签批流程。

每月 10 日完成工资资金拨付流程。

每月 15 日完成工资发放／个税和社保费用划拨。

每月 20 日完成社保公积金异动手续。

每月 21—22 日完成月度新员工培训。

每月 23—24 日完成基础管理层员工和中级管理层员工培训。

每月 25 日收集下个月全员排班表。

每月 26—27 日去项目进行月度人事工作检查。

每月 28—31 日完成人事月度报表。

在这个过程中，每周二向集团提交待批单据，每周三向集团提报城市公司人员在岗及变动情况，不定期还要处理转正、晋升、内部竞聘答辩、月度员工沟通会、绩效面谈、新项目人力成本费用评估等事宜。

按照每年的工作规划来看，我每年的工作都是非常有计划性的，具体情况如下：

1 月：年度绩效考核 / 年度评优年会。

2 月：年终奖和春节慰问。

3 月：年收入超 12 万元个税申报和社保工资基数申报。

4 月：员工春游。

5 月：员工体检。

6 月：工程人员评级和申报稳岗补贴。

7 月：年中工作总结。

8 月：明年公司架构、人员编制、年度预算提报。

9 月：中秋节慰问。

10 月：技能大比拼。

11 月：员工满意度调查。

12：本年度费用清算、明年公司架构、人员编制、年度预算定稿。

　　不管忙成什么样子，必须有条不紊地开展工作，满满的工作成就感给我的工作带来无限动力，让我无悔当初的选择。大学毕业后，我一开始在培训公司的销售服务岗勤劳苦干，但内心深处对自己的未来还是很迷茫。在偶然一次与部门领导闲聊时，我表达了自己的职业发展困惑，部门领导给了我很多建议，其中一个建议就是让我往人力资源方向发展。于是，我开始关注人力资源相关事宜，逐步了解人力资源的工作内容，也觉得自己需要通过更专业的学习来全面了解人力资源工作，于是我便开始在自己工作之余学习二级人力资源管理教材并通过了二级人力资源管理师的考试。结婚生子后我重返职场，利用自己学习的一点微薄知识，对自己以往的工作经验进行了梳理，并分析了自己从事人力资源工作的优劣势，便开始了人力资源方向的求职、工作。

　　在面试过程中，我会诚实地告知面试官，我没有人力资源实际操作的工作经验，但我非常喜欢人力资源工作，在自己没有从事人力资源工作的情况下已经利用自己的业余时间自学并获得了人力资源管理师二级证书。然后我还告诉他，我非常愿意从基础岗位做起，沉下心来工作，一步一个脚印去担任更多的人力资源工作。就这样，我终于获得了一份薪酬专员的职位。我特别珍惜这份工作。更庆幸的是，这家公司的人力资源团队非常优秀，当时人力资源团队共有 7 人，他们都是人力资源专业出身，只有我是法学专业出身。因此我的职业危机感特别强烈，但我终于在自己的刻苦努力和团队伙伴对我的帮助下，从基础的员工入离职手续入手，开始学习制作花名册、学习岗位说明书、拟写招聘要求、维护和拓展渠道、担当新员工入职培训讲师，然后开始着手公司年度人员配置设置、核算人工成本预算、新项目人力成本评估等工作。

很多人认为只有人力资源专业的人才能做好人力资源工作，非人力资源专业的人从事人力资源工作会有障碍。其实，海量非人力资源专业的人都在从事人力资源工作，而且做得很不错。人力资源工作和专业没有太多直接关系，我身边从事人力资源的朋友以文科类专业多，比如法学、英语、汉语言文学等，尤其以法学专业最多。

以我的过往经验来讲，想从事人力资源工作，专业不是障碍，但有些工作经验还是很重要的。另外，在工作中，事先沟通也很重要。比如，接到一项工作任务，你可能会急吼吼地忙开了，费了好大的力气，做完了交给领导。结果领导一看，不是他想要的，将你痛批一顿。此时你觉得很委屈，明明很尽心尽力，结果却得不到领导的认可。其实，问题的关键在于，你在领取工作任务时没有想过自己是否完全理解了领导的要求，而只是简单地按照自己的想法去做事。我的建议是，在接受一项工作任务时，复述一遍工作的内容和要求，请领导确认，如有自己不明白的地方，及时和领导沟通。

看到这里，也许你觉得事先沟通太简单了，就是重复工作内容和要求嘛。所以，我还要再说几句，要完全弄清楚领导交办的工作任务，在完成工作的过程中，还需要主动及时地向领导汇报自己的工作进度，当然也不是事无巨细全部汇报，简要汇报重点工作进展或结果即可。不要让你的领导时时、事事跑来问你的工作进度。尤其忌讳的是，到领导问到你时，你才说工作有点难、搞不定，那后果就可以自己想象了。

想从事人力资源工作的朋友，要想做好人力资源工作，对自身的素质、知识和能力是有要求的。

关于职业素质，一般需要有原则性，有底线；有服务意识，我们的管理和服务服务对象都是公司员工；有诚信意识，不承诺自己办不到的事情；有克服困难的决心；工作要主动积极；等等。

关于知识，要有法律知识，需要精通《劳动法》《劳动合同法》等；要有人力资源知识，需要清楚人力资源六大模块工作的内容和相互关联；要有企业知识，了解所在行业的基本现状及发展状况，清楚企业的业务流程；还要有一定的管理知识；等等。

关于能力，要有识人用人的能力，让合适的人去合适的岗位；要有激励管理能力，能够自我激励，能够激励搭档，也要能够激励广大员工；要有绩效导向能力，只看工作完成结果，不找理由推卸责任；还要有企业文化建设能力；等等。

想从事人力资源工作的朋友，还要多参加社会实践活动。比如参加各类演讲，锻炼自己的口才和胆量。你可以先听别人是怎么演讲的，找一个你心仪的演讲对象，模仿他的风格，然后自己去参加演讲，琢磨如何写演讲稿，如何练习演讲，其中有哪些演讲技巧。另外也可以参加各类比赛，比如参加辩论赛，可以锻炼自己的应变能力；参加体育比赛，体会不放弃的运动精神；参加才艺比赛，学习展现自己的才艺，也可以学习如何发现别人身上的优点。

想从事人力资源工作的朋友，可以初步填一填职业规划表，对自己做一个大概的规划。给自己定职业目标，对自己的人生进行管理，对自己的人生绩效做一个规划。确定一个长期目标，再逐渐分解成中期、短期直至近期目标，分解成学习行动计划中的每一周、每一天甚至每一件事情。

　　不论何时、何地，只要想登上前面的山峰，那就迈出第一步吧。

第三位导师：胡晓红

所在行业：制造业

企业性质：中日合资

工龄：22 年

HR 从业工龄：13 年

我现任一家中日合资汽车零部件企业的 HR 总监，我前 40 年的人生跟绝大多数同龄人一样，是被规划的一代。在上大学时，专科和本科有什么区别，我们不知道。填报大学志愿时，只是凭借每个班仅有的一份大学学校名称的名单。那个时候我的感受是，中国有好多所大学呀，有很多我没听说过的大学！这种状况不是我一个人的感受，而是我们那个年代的人的共同感受。以至于有些同学进入大学读了两年专科之后，才知道本科与专科的区别，然后又在学校参加了专升本考试。这可能是现在的大学生无法理解的现象，但这是一个真实的情况。

我职业生涯的第一份工作，是在一家 500 强家电制造企业任职。在第一份工作中，我经历了很多次轮岗，曾经先后从事过物流管理、行政管理、党群管理、售后管理、质量管理及人力资源管理。这就让我有很多机会可以在不同的岗位上，以空杯的心态，积累不同岗位族群下的业务管理经验。这些在业务部门的管理经历为我后来从事人力资源工作打下了扎实的业务基础。人力资源从业者成长到了一定的阶段是需要深入业务、了解业务的，人力资源的价值将在业务终端得以体现。正是凭借这些经验的积累，当一个机会降临时，我得以跳槽到了汽车行业，开始感受这个多彩绚丽的行业里波澜壮阔的职业世界。

■ 汽车制造行业产业链形态及特征

汽车行业具有产业关联度高、规模效益明显的特征。从产业链的角度来看，汽车产业的产业链主要包括三大环节。

（1）上游产业链。主要包括：

①产品技术。这里指产品开发，也就是汽车零部件设计、汽车整车设计及咨询等企业。

②零部件采购。这里包括零部件制造企业、钢铁橡胶原材料生产企业及汽车装备制造企业。

（2）中游产业链主要指整车生产企业。

（3）下游产业链就是汽车的销售和服务环节。这里包括汽车整车销售渠道及围绕汽车市场展开的领域。其中仅整车的销售渠道就包括车厂直销、4S 店、汽车超市，以及随着互联网向汽车产业的渗透而产生的电子商务平台。这其中又包括企业网站和第三方电商平台。

全产业链涉及诸多相关行业。汽车产业往往带动了 100 多个产业的发展。从上游来看，汽车产业可以带动钢铁、橡胶、机械、有色金属、石化、电子、纺织等几十个大产业特别是加工业的发展；从下游来看，汽车产业可以带动公路建设、保险、金融、销售、租赁、培训、维修、加油站、餐饮甚至旅游等众多服务业。产业链上的领域划分将汽车的特点发挥得淋漓尽致，行业细分程度极高，每一个细分都代表着在这个细分领域里的企业发展机会及就业机会。

▌ 汽车零部件制造行业人才需求

汽车与人工智能产业深度融合发展是必然趋势，智能汽车已成为汽车产业技术的战略制高点。随着新技术的融合与应用，我国传统汽车制造业正在发生转变，对高技能人才的需求也在不断增加。相对而言，汽车制造业更注重人才的成熟度与经验，从职业成熟度来看，汽车行业通常需要 4 ~ 10 年时间培养一个技术成熟的从业者。行业发展的特点决定了"专业 + 精深 + 沉淀"的专业技术型人才一直是汽车行业人才需求的重点，比如行业对热能与动力工程、工业设计、产品设计、AI 等相关专业人才的需求将持续看涨。汽车行业的专业技术人才是需要具有真正工匠精神的人才。随着"互联网 +"的发展，汽车行业中的复合型人才也将成为竞争焦点，精通外语的汽车设计人才、具备汽车技术背景的营销人才、具备汽车销售背景的 IT 类专业人才以及汽车信贷、保险等金融人才将继续走俏。

▓ 关于 HR 入行的一些建议

（1）知识储备。

人力资源管理从业者需要掌握的专业知识共分为六个模块，也就是业内人士所称的"六大模块"，分别是人力资源规划、招聘与配置、培训与开发、绩效管理、薪酬管理和劳动关系管理。模块之间相辅相成，不可分割。各模块主要功能及需要了解的相关知识如下：

人力资源规划模块功能：确保企业各类工作岗位在适当的时机获得适当的人员（包括数量、质量、层次和结构等），实现人力资源与其他资源的最佳配置，有效地激励员工，最大限度地开发和利用人力资源潜力，从而最终实现员工、企业、客户、社会利益的最大化。需要了解的知识包括组织结构设计、人力资源需求及供给预测、岗位分析、任职资格分析、人才盘点与人力资源管理费用预算。

招聘与配置模块功能：依据岗位说明书为企业搜寻适合某种岗位工作的人才，根据人才的实际情况配置能发挥最大效能的岗位。需要了解的知识包括招聘计划、招聘渠道、简历筛选、面试方法、测试工具、背景调查、录用决策与招聘分析。

培训与开发模块功能：开发员工潜能、提升员工技能以满足企业发展所需。需要了解的知识包括培训需求分析、培训计划、培训评估、培训内容、培训方式及培训结果应用。

绩效管理模块功能：将企业发展目标分解为小目标，并落实到各部门、各岗位、各人员，共同推进，以实现企业顺利发展，并以此挖掘员工潜能。需要了解的知识包括绩效计划、战略、绩效目标、绩效指标、绩效面谈及绩效结果应用。

薪酬管理模块功能：根据同行业、同类型竞争对手及市场薪酬水平，确定企业内部各岗位薪酬水平，力求对内公平、对外有竞争力，以此吸引优秀人才加盟，激励现有人员不断提升能力，促进企业发展。需要了解的知识点包括薪酬调研、薪酬调研结果应用、薪酬水平分析、休息及法定假日规定和薪酬计算方法等。

劳动关系管理模块功能：协调企业与劳动者之间的良性关系，规避违法违规侵权，侵害劳动者利益的事件，降低劳资纠纷的风险。需要了解的知识点包括劳动相关法律法规、社会保险、公积金及应知的劳动法律常识等。

作为汽车零部件制造行业的 HR，还需要对汽车行业的质量管理体系——ISO/TS16949 有所了解，ISO/TS16949 是国际汽车行业的技术规范，它的全名是"质量管理体系－汽车行业生产件与相关服务件的组织实施 ISO9001 的特殊要求"，由 IATF（国际汽车工作组）制订。HR 一方面通过该体系对汽车零部件制造的管理体系有一个系统的认知，另一方面了解该体系对人力资源体系的相关要求，必须在符合体系要求的前提下开展工作。

（2）根据性格特征选择适合自己的模块。

人力资源从业人员，是一个与人打交道的职业，但从六大模块来细分，对从业人员的自身素质要求也有一定的差异，我们可根据自身的性格特征，选择适合的模块。比如，招聘培训模块更需要组织、协调、沟通、策划等能力，多与人直接打交道，性格特征更显外倾。而薪酬、绩效模块的从业者则更偏重于细心、严谨、原则性，多与事情直接打交道，性格特征内倾。因此，性格特征没有好与坏之分，只有与岗位的匹配与否。

（3）提前进行知识储备。

人力资源职业并非一定需要专业对口。对于有意从事 HR 的大学生来说，在大学阶段，可以通过学习、参加人力资源师考试，提前对人力资源有一个全面的认知。在业务技能上，可以学习 Excel、PPT 等软件，这些实用技能对今后的就业会是很好的加分项。

（4）外语能力。

由于行业的特点，几大汽车整车厂以外资背景为中心，外语能力在这个行业中具有一定的优势。如果在大学期间能熟练掌握一门外语，会对毕业后的就业形成助推力，它可以帮助你直接进入外资或合资平台及优秀的民营企业平台。这决定着你的职业起点。

第四位导师：曾陈

所在行业：建筑施工行业

企业性质：国企

工龄：10 年

HR 从业工龄：6 年

　　我从食品科学本科毕业后顺理成章地进入了一家食品企业工作。而这家企业正是俗称的"小作坊"，没过多久，我就因为不可抗力离开了这家企业。因为我当时是个刚离开象牙塔的愣头青，这次不愉快的初次职业经历导致我对食品行业产生了抵触心理。正好在这时，我看到了招聘驻刚果（金）人事专员的招聘简章，出于对出国工作的好奇，我对这个职位产生了浓厚的兴趣。随后，我去找了几个从事人力资源工作的朋友，向他们了解了一下 HR 这个职业的一些基本常识和发展前景，虽然现在再来看他们当时的说法，并不能说很准确，但是他们的话推动了我下决心去碰碰运气。时光匆匆，如今我已经在这家国企工作了 6 年，作为一个并不是科班出身的 HR 经理，我有一些心得体会，可以和大家分享一下。

我所任职的十五冶对外工程有限公司是一家专门从事国外矿山工程施工和冶炼工程施工等的大型国有施工企业。建筑施工行业一直是国民经济的重要支柱产业之一。人活着离不开衣食住行。住，就要盖房子，就离不开建筑施工，可见其在国民经济中的重要地位。但是，建筑施工行业发展与宏观经济运行密切相关，具有明显的周期性。近几年来，随着中国经济不断发展，钢铁、煤炭、冶金等传统工业纷纷被贴上了产能过剩的标签，导致与其相关联的部分建筑工程市场跟着缩水。常年从事建筑工程的工人在国内找工作也越来越困难。

2016 年中国经济开始进行"三去一降一补"的结构性改革后。据网上数据显示，从 2015 年开始，不仅和建筑施工相关的部分行业业务量下降 20% 有余，原先定位高端或大型项目的企业纷纷将目光转向中端及中小型的项目，甚至出现了见项目就抢的紧张态势。这些都说明了建筑施工行业目前整体下行的趋势，这就要求大家在选择建筑施工行业的企业作为应聘目标时，要更慎重地查证和判断。在行业起落的周期中，竞争力差的企业一定会被淘汰掉。假如进入这类企业工作，你往往会因为公司接不到项目，或项目迟迟不能开工等而虚度光阴，既不能锻炼自身的能力，又不能获取有价值的经验，这对年轻人职业生涯的发展会起到非常恶劣的影响。面对匮乏的市场带来的压力，越来越多的企业要么选择转型，如改做房地产等民建项目、PPP 项目等，要么响应国家"走出去"战略，奋力开拓海外市场。2015 年至今，"一带一路"、京津冀协同发展、长江经济带三大战略等利好消息频出，加之 PPP 项目的集中释放，对建筑施工行业发展促进作用明显，尽管宏观经济增速放缓，但建筑施工行业已有所回暖。

建筑施工行业作为国家的支柱行业之一，国企无论在资金、技术、社会资源上都具有一定的优势，但即便如此，其中仍然存在一些面临淘汰的公司。因此，在就业时应尽可能选择相对规模较大且从事优势行业如房地产、PPP 项目、海外项目等企业。

说到心得体会，首先要说的是我刚到公司的那一天，负责面试我的是当时的 HR 经理和办公室主任。通过交流，他们知道我刚毕业不久，既不是人力资源专业科班出身，也没有从事 HR 的工作经验，专业性的问题我也回答不上来。可能是因为这个职位确实急需一个人，于是他们最后问了我一个问题："既然是这样，那你为什么会想来应聘这个职位呢？"我想反正也没有机会了，就随口说道："其实我就是想出国工作。"没想到他们很诧异地问道："建筑施工行业到项目部上工作是很苦的，海外项目就更苦，现在的年轻人普遍都不愿意吃苦，你了解出国工作是什么样子吗？你有没有跟你的家里人沟通过这个问题？"我看他们像是提起了兴致，就又聊了起来。其实关于出国工作到底是个什么样子，我当时还真是没什么概念，也没有细想过这个问题，只是有跟父母沟通过，父母也同意我出去见见世面，假如不行就早点回来。

在听完我的话后，一旁的办公室主任突然问道："假如你得到了这份工作，你觉得公司最需要你做到的是什么？"听到这个问题的时候，我脑子里突然闪过我之前专门在网上查阅过的十五冶的企业文化。它给我的感觉是，这个公司的一些管理理念就和军队一样，结合我个人的理解，我回答说："我觉得应该是执行力。""为什么这么说？"他追问道。"因为这是在国外的项目部工作，我感觉项目部就像是驻扎在外面的军队，公司就像是指挥所，最怕的就是军队不听命令，所以执行力应该是放在第一位的。"我采用了最擅长的举例类比的方式，没想到他们都呆住了，然后笑着说："你这个比喻很有意思。"接下来气氛活泼了许多，他们没有再继续问我专业知识和工作经验，而是问我平时有什么兴趣爱好，在大学里做过些什么事情，我也一一做了回答。面试结束几天后，我就收到了 offer，走出了我的人力资源职业生涯的第一步。

回顾 6 年前，我之所以能获得这份工作，一方面是因为公司的确急需一个人来填补空缺，另一方面也是因为当时我表现出了从事 HR 工作比较重要的特质，就是善于与人沟通交流。因为 HR 本质上就是与人打交道的工作。通过与他人的沟通交流来获取信任，你才能得到他人的积极配合，才能顺利完成任务，否则就只会处处碰壁。到项目部任职之后，我也切实做到了把执行力摆在第一位的承诺，认真完成公司领导安排的每一项任务。3 年后，我被评为公司的劳动模范，调回了国内人力资源部工作。

我讲这个故事是为了告诉大家，就算不是人力资源专业毕业的 HR，也可以做一个合格的 HR，但是，这并不是说 HR 的专业知识不重要。相反，我在国外的 3 年工作经验带给我最深刻的认识就是，HR 的专业知识是非常重要的。没有专业知识的理论支持，工作中往往只能一味地照本宣科，死板地按照公司规定执行，既不知道公司为何要如此规定，也不知道如何把规定的工作做好。长此以往，既不能把自己的工作做好。也不能取得好的工作经验，职业发展将停滞不前。所以，假如大家以后想到建筑施工行业从事 HR 工作，一定要提前做好几件事情。

1.认真学习 HR 的专业知识和相关法律法规。

2.读一读 HR 从业者写的书，找一些 HR 从业者进行访谈，从中汲取他人的心得作为自己的替代经验。

3.通过练习提升自己的语言和书面表达功底。

4.了解一些心理学和生涯规划方面的知识，提升自己宏观上的眼界和认识。

另外，对在校学生而言，假如想要进入如中国铁路工程集团有限公司、中国建筑集团总公司这类大型建筑施工国企工作，有几点特别需要注意：

1.多参加各种与人力资源和生涯规划相关的学校组织的论坛演讲或社会实践。这既能让你提升自己的内涵，又能认识同行朋友。

2.通过职业访谈等方式了解一下建筑施工企业的组织架构、管理模式、基本常识，同时要加强对人力资源专业知识和《劳动法》等各种法律法规的学习。

我之所以多次强调对 HR 专业理论知识的学习，是因为国企相比私企对理论知识和学历的重视程度要高很多。假如不具备相应的学历和理论知识，就算工作业绩再好，业务能力再强，也很难得到升职的机会。特别是近两年国企改革之后，对领导干部的要求进一步提高，主要集中在工作业绩、专业知识、学历这三个方面。而这三者之中，工作业绩主要靠努力工作，而后两者的提高都必须通过利用业余时间学习专业知识，参加培训考试、成人教育等。这往往会占用大量的时间，甚至影响你的正常工作，所以最好在正式入职之前完成。

我所在公司招聘人事专员的职责分工较细，薪酬、绩效、招聘等六大模块都有专人负责，项目部和公司机关的职责又有不同，但除去公司文件对学历和工作经验的规定要求，我最看重的有两点：

首先是对公司企业文化的认同感。每个人在思想上的差别可能是非常大的，特别是在当今社会，贫富差距和生活压力都在增大，相同年龄的两个人，可能对工作的态度、对事业的追求、对待遇的要求毫不相同。无论是工作的收入抑或工作本身，都不再像以前一样可以占据一个人生活的全部。在这样的形势下，只有认同公司企业文化的人，才能把公司当作自己的家，成为伟大拼图的一块，为公司的发展贡献力量。同时对个人而言，能够在符合自身价值观的公司工作，才能不患得患失，全身心地投入和享受工作带来的乐趣和成就感，这就是我所追求的个人与公司的和谐。

其次是可塑性，即对自身学习进步的渴望。说到这里，可能有人会觉得奇怪，到国企工作不就是图个稳定吗？反正也是按照上级文件规定办事，需要这么看重学习吗？关于这一点，我从三个方面谈一下我个人的想法：一是社会在变，国家政策对市场经济的调控作用十分巨大，市场发展的脉门谁也把不准。二是公司在变，近些年国家提出从严治党、国企改革之后，很多国企都发生了翻天覆地的变化，有的僵尸企业直接倒闭，无法再继续依靠吸血苟延残喘，有的公司则深度改革，学习私企和外企先进经验加强管理。之前"在国企上班就是看报喝茶"的现象已经不复存在，我们同样都在加班加点，一个人当两个人用。三是人在变，我可以说我现在追求稳定，想在国企工作，但不表示这一辈子都是这样的想法，更不用说有时候会有一些特殊情况和不可抗力导致我不想或不能继续在国企工作。综上所述，作为一个新时代的国企员工，假如不能紧跟时代步伐加强学习不断提升自己，只是抱着混日子的心态得过且过，那么到了被社会淘汰的那天，就没有后悔药吃了。所以，我希望我管理下的人力资源团队是一个会不断学习提升自己的团队，这样既是对每个员工负责，也能保证团队的战斗力。

在进入国企工作后，你会发现 HR 基础的事务性工作是比较枯燥乏味的，几乎全部工作都是按照公司文件规定和领导交付的命令去执行，而每个人都无法避免地会存在无法理解领导为何要下这样的命令、做这样的规定的时候。为什么连你都知道这样执行下去会有很多问题，但是领导偏偏还是要这样做？首先，你要清楚，这类问题是无法避免的，不仅会发生在职业生涯初期，而且会贯穿整个职业生涯。所以，如何正确对待这类问题是非常重要的。我觉得在碰到这类问题时，要分三步来进行。

第一，要先默认"领导的决策是正确的"，然后去思考"这个决策为什么正确"。"二维论"是刚离开学校走进社会的职场新手最容易犯的错误，即认为这世界上的事情是非对即错、非黑即白的。基层 HR 作为领导决策的执行者，自然会很清楚执行后会遇到哪些问题。二维论者看到问题就会立刻觉得领导的这个决策是错误的，只要有问题，那么这个决策就肯定是错误的。而一旦先入为主，就犹如一叶障目，不见泰山，看不清问题的本质。所以第一步要抛弃简单的"二维论"，走出思维的盲点，同时可以培养自己站在领导的角度思考和看待问题的习惯，这将对职业生涯的发展有很大的帮助。

第二，领导作为决策者，要把控全局，综合多方信息最终形成决策。基层 HR 作为执行者，无法获取多方的信息，加上领导既然能成为领导，不能说一定比你优秀，但比你差的可能性不高，领导的决策正确的可能性比你的决策正确的可能性会更高一些。因此，与其闷头纠结领导决策的正确与否，不如脚踏实地，站在自己的角度思考如何完善细节，填补缺漏，让领导的决策成为最好的决策。这既是自身工作能力的体现，也是挑战自我不断进步的正道。

第三，任何一个决策，往往只能通过一段时间的实践，才能知道它到底是不是正确的，正所谓实践出真知。这就好比做证明实验，只有在各项环境指标都按照题设准确无误的情况下，最终的结果才有价值。所以作为一个执行者的职责，就是确保领导的决策能够落实。而这个过程最终引导出的结果，无论其好与坏，都是你工作价值的体现，它会帮助公司不断向正确的方向进行调整，迈出前进的步伐。

第五位导师：熊宏

所在行业：房地产中介行业

企业性质：民企

工龄：18 年

HR 从业工龄：10 年

我从事的行业是房地产中介行业，房地产中介行业是房地产业的重要组成部分，房地产中介贯穿在房地产业经济运行的全过程之中，为房地产业的生产、流通和消费提供了多元化的中介服务。房地产中介在我国既是一个年轻的行业，又是一个蓬勃发展的行业，具有强大的生命力和广阔的发展前景。它具有服务性、流动性和灵活性的特点，在房地产业中起着重要作用。

狭义的房地产中介，是指在房地产市场中，以提供房地产供需咨询、协助供需双方公平交易、促进房地产交易为目的而进行的房地产租售的经纪活动、委托代理业务或价格评估等活动。广义的房地产中介服务，是指覆盖房地产投资、经营管理、流通消费的各个环节和各个方面，为房地产的生产、流通、消费提供多元化的中介服务。按照《城市房地产管理法》的规定，我国房地产中介服务主要表现为房地产咨询、房地产经纪和房地产估价三种形式，显然这是对房地产中介做了狭义的理解。今后，随着我国市场经济的不断深入和房地产业的进一步发展，房地产中介服务必将会更加丰富和完善。综合起来讲，房地产中介服务是为房地产投资、开发和交易提供各种媒介活动的总称，房地产中介服务的范围比较广泛，房地产咨询、房地产评估、房地产经纪是目前比较重要的三种形式。

■ 房地产咨询

房地产咨询，是指为房地产活动当事人提供法律法规、政策、信息、技术等方面咨询服务的经营活动。从事房地产咨询活动的组织即为房地产咨询机构。房地产咨询的内容主要有：

（1）房地产信息咨询。包括提供各地的地价、房价、房地产租赁价格及其动态走势，待出让地块和待出卖、出租、交换、抵押房地产情况，以及投资招商、购房、换房等信息的咨询。

（2）房地产法律、业务咨询。房地产法规、政策问题及办理房地产交易、租赁、抵押业务手续等问题的咨询。

（3）代理。代理研制房地产方面的可行性报告、投资开发方案、项目规划设计方案等方面的业务。

▧ 房地产评估

房地产评估，是指对房地产进行测算，评定其经济价格的经营活动。房地产评估机构，即从事房地产价格评估活动的机构。

▧ 房地产经纪

房地产经纪，是指为委托人提供房地产信息和居间代理业务的经营活动。房地产经纪机构，即从事房地产经纪活动的机构。房地产经纪机构为房地产交易提供洽谈协议、交流信息、展示行情等服务，主要功能在于为房地产交易双方牵线搭桥，提供服务，促成交易。

根据我国当前房地产市场划分，房地产经纪服务在一、二手房方面又略有区别。传统的一手房（新房）的经纪服务主要通过各类经纪公司与项目开发商签订销售代理合同的方式进行销售，签订代理合同的销售公司组建销售团队，在售楼部完成销售工作。而二手房的经纪服务主要通过二手房门店进行成交。由于互联网冲击，传统广告媒体的效力大打折扣。当前的市场上，这两种模式的销售划分逐渐模糊化，更多的网络平台打破了二者之间的壁垒，主要体现在二手房门店通过强大的营销网络及驻店经纪人优势，直接将房源推送给意向客户，帮助开发商实现更高的销售去化率。业内称为"一、二手房联动"。我个人服务的唯家网也是一家定位为一站式家庭服务平台的电商网站，致力于解决家庭中房产、理财、金融等需要专业支持的服务需求的综合性网站。

说完了行业的现状及发展趋势，再来为大家讲一讲行业内的关键岗位及就业趋势。

近 10 年时间，我主要服务的公司多为一手房销售代理公司，图 1 是一家典型的一手房销售代理公司组织架构图。

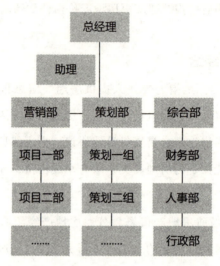

图 1　一手房销售代理公司组织架构图

公司运营架构由三部分组成，营销部主要负责完成各个销售案场的销售组织工作，主要的工作岗位分别为销售总监、销售经理、销售主管、销售员（置业顾问）和销售秘书，这部分人员是公司一线销售及销售管理人员。对于营销部大致的岗位职责及工作要求，大家可以通过招聘网站获取。销售人员的职业发展路径较为简单，通过相关专业技能学习、销售技巧提升及相关管理经验丰富后，能够逐步获得更高职业机会。策划部是销售部门的辅助部门，通过对房产项目的定位、包装、常规销售节点的铺排、广方向的拟定等，促进销售目标达成。根据项目体量，一般由驻场策划、策划经理、策划总监组成。如公司规模较大，策划部一般还会配备自己的广告部。广告部一般由文案、策略、设计及 AE（助理）岗位组成。为实现内部更有效地沟通，广告部的岗位有一定专业性要求，通常招聘过程中用人部门会尽量招聘熟手，要求能尽快上手解决实际工作，少数时候对于有培养潜力的实习生或新人也会进行人才储备。

综合部门为常规的后勤保障部门，如财务部、行政部、人事部等，管理规范的公司还会配备法务部、营销管理部等更细分的职能部门规范各类工作。这部分部门的工作岗位按照常规的职级划分，通常由各部门的助理岗位、主管岗位、经理岗位组成，根据相应的工作年限及经验区分。

我是 2008 年年中半途转型学习人力资源的，之前在一家物业公司从事基础的物业管理服务。通过学习，我获得了人力资源管理师的二级资格证书，当时我有一定理论基础，但无任何实践经验。后来我又报了人力资源入行实操班。在最后一节课，老师邀请了她曾经的学员——一家公司在职的 HR 经理——给我们新人做模拟面试和求职辅导。面试老师指点说，像我这样年纪偏大且无任何工作经验的人，基本无法通过面试获得专业的 HR 工作岗位机会，必须通过企业内部机会获得工作岗位。

我的机会来自于 2008 年年底，在我学习 HR 过程中认识的学友的介绍下，我获得了一个行政岗位的面试机会，我把握住了这个机会，并获得了成功，成功入职了一家房地产代理公司担任行政主管，我的新的职业生涯就此踏上了新的征途。

这次能获得机会，我归纳出了三个因素。

1. 学习专业知识。

我系统地学习了人力资源知识，考取了人力资源管理师的二级证书。在备考学习的过程中，通过学习到的专业知识，我进行了简历包装，而且获取了一定的面试技巧。这奠定了我面试成功的基础。

2. 积累人脉。

在学习人力资源的几个月的时间内，我非常积极地参与学习互动，在学员群中积累了较好的知名度、美誉度和认可度。这为后来同学为我推荐工作机会埋下了伏笔。

3. 电脑网络及硬件知识的储备。

这是我成功应聘该岗位最重要的一个环节。在应聘过程中，我重点突出了我能解决该公司网络慢等急需解决的问题，对其他常规行政管理不足的方面进行了弱化。这为我的面试加分不少。因此我个人觉得，充分的职业岗位需求外的技能积累，能给你意外的收获。

入职行政主管后，我通过自身的努力，在日常工作中积累本岗位的专业和技能，迅速成长，先后担任行政主管、行政经理、行政人事经理岗位。2015年行业内一家开发公司华氏地产集团组建新的业务团队，我跳槽至该公司担任行政总监一职。但半年后因业务模式不成熟，新组建的业务团队面临调整，部分人员面临解散，这时候我又获得了新的职业发展机会，我被转为营运总监。这里需要补充的是，传统代理公司的组织架构和业务模式主要分为前台业务部门和后台支持部门。而在更大的集团架构中，为了更好地协调内部工作，通常还会设置一个中间部门，就是所谓的营运部了，营运部门主要工作是负责前后台工作的衔接。这一次看起来简单的岗位转换，其实也是我个人职业生涯的一个重要转换，我开始从后台支持部门靠近业务发展部门，获得了更好的上升通道及发展机会。

这一次的转型成功，我归纳为两个方面。

1. 基于服务公司的经验。

在前期担任行政、人事岗位的工作过程中，我都较为深入地了解了公司的业务流程及管理模式，有较好的业务管理基础。

2. 较高的职业起点。

经猎头推荐到新的公司后，我的职级为高级经理。在大多数企业中，高等级的管理人才都是企业重视的人。当企业遇到困难或问题，需要减员时，通常考虑的是砍掉那些不重要的岗位，而不是所谓工资较高的岗位。认识到这一点，对职场新人来说尤为重要。我要告诫大家的是，在职场上，你一定要成为企业需要的人，而不是可有可无的人，否则，一旦遇到危机，最先牺牲的一定是你。

2016 年，华氏地产集团多板块扩张，导致资金链断裂，企业进行了整体清算解散。恰好此时我原来服务的代理公司鉴于行业的转型变化，打算成立一家电商公司，他们与我进行了接洽。综合自身能力及行业发展趋势，我又接受了本次挑战。至 2018 年，我从营运总监晋升为副总经理，带领我的团队对集团总公司的转型模式进行探讨及研究。

10 年的职场道路，我不敢说自己做得多么优秀，但是较我前面约 30 年的发展来说，可谓是有较大收获了。因此，除了前面的几点，我对职场新人有几点重点建议。

1. 技多不压身。

在没有搞清楚自己将来的职业发展的时候，多一些职业技能储备是有益无害的。

2. 边做边调整。

各类型的心理测试可能会告诉你，你是一个什么样的人，你最适合做什么样的岗位，等等。然而现实通常并没有那么多选择给我们，那么我们就等吗？实际上并不是只有这一种选择，我们可以边做边调整。我先后考取了人力资源二级、心理咨询师二级资格证书，这两本职业资格证书对应的知识分别从不同的方向给我以指导，人力资源知识指导我，在职场要扬长避短；心理咨询知识告诉我，人生要修炼，补短板，以获得更大的发展。我还学习生涯规划师方面的知识，在学习过程中，我学到自己比较喜欢的一个观念：不拒绝改变，做你自己，所以，扬长避短也好，修炼短板也好，你当前遇到的，都是你应该去面对的，逃避不了。

3. 后台也要懂业务。

反思我这10年的职业发展，除了常规的不断学习，我觉得自己与其他人更多的区别可能就在于懂业务。在与很多同行的交流过程及日常工作中，我经常发现，业务部门抱怨后台支持部门不给力，要钱财务部不给，要人人事部不给，还经常搞出一堆考核表要填；后台部门抱怨业务部门不守规矩；财务部抱怨业务部门没有计划，没有预算，打乱了自己部门的工作安排；人事部抱怨业务部门不重视员工感受，不合理安排工作把人都搞走了；等等。在我看来，这都是没有换位思考的结果，任何一个企业，都是一个整体，离开后台支持的前台业务部门是走不远的，而离开前台创造利润的后台部门又有什么存在的意义呢？

所以，我要重点对各位打算做 HR 的人说一句，一定要熟悉你所在的业务体系，知道公司靠什么赚钱，你的任务就是服务好这些赚钱的人，毕竟，是他们在赚钱养你。

4. 学习学习再学习。

活到老，学到老，始终是一个不过时的话题。现在是网络时代，我们非常容易获得很多信息，但是信息不等于知识，更不等于能力。我们要让自己在职场上有价值，要的是能力，所以我们需要不断去学习。这种学习，不局限于任何形式，但是一定要结合自己的职业发展及个人兴趣。比如，我在学习了人力资源管理师之后又分别获得了法务师、心理咨询师、生涯规划师等相关的职业证书。在专业领域，我也考取了房地产经纪人证书。证书也是我们步入职场的一块敲门砖，是在业内的一个加分项，会让我们获得更多面试官的青睐。

5. 3 年动一动。

这里面有两个方向，一个是建议你不要太频繁地跳槽。我见过很多三个月或半年就跳槽的人，在这么短的时间内，你是不可能学习到什么东西的，除非企业有严重的问题，如拖欠工资、不缴社保等严重违法的情况，不然你都应该坚持。任何一家能存活的企业，都是有活着的本事的，你不要只去看这家企业存在的问题，你要学习的是什么让这家企业一直活着。

另一个建议是，不要在一家企业待得太久。我认为 3 年是一个区间，当然如果你 3 年升一级，就另当别论了。如果同样的岗位，日复一日地重复，对你是没有任何成长的，工资上不去，能力上不去，一旦外部环境变化了，你就危险了，你将没有任何应对能力（公务员除外）。超过 3 年，要么晋级，要么走人，毕竟，树挪死，人挪活。

6.强大的计算机应用能力。

计算机应用能力，尤其是计算机搜索能力，是我的专长。现在是一个信息大爆炸的时代，一年产生的信息量甚至超过了以前的 10 年、百年。我们从中获取对我们有用的信息，进而转化成我们的知识和能力，就显得更加重要了。同样的电脑、网络，你只能聊 QQ、看美剧，人家却能学英语、做兼职，三天五天看不出来区别，三年五年差别可就大了。搜索引擎是我们最有力的工具，搜索网站能帮我们解决大部分问题。

7.认识自己，你是谁？

我认为认识自己很重要。隔几年，我们就需要清算一下自己：自己有哪些能力？会做一些什么？这些东西值多少钱？谁需要我？我将来打算干什么？……经常自省和总结，才能知道自己的方向和目标，才知道自己当下该做什么。

第六位导师：彭燃

所在行业：互联网行业

企业性质：民企

工龄：10 年

HR 从业工龄：10 年

随着互联网与社会经济发展的关系日益密切，在整个社会经济市场中，移动互联网相关业务所占市场份额比重逐年递增。从过去的语音、音乐、彩铃、彩信等业务逐渐发展到现在的移动电子商务、物联网、信息交流、移动端娱乐游戏等业务，而且这些业务都具有巨大的发展潜力。在日常生活与工作中，人们对移动互联网的关注程度越来越高。移动互联网发挥着巨大的作用，甚至改变了传统的经济格局，促进了我国社会经济的发展。

互联网行业职位可分为六类：产品类、技术类、运营类、市场销售类、设计类和职能类。随着互联网公司的日益壮大，IT 行业人才缺口也日益明显。猎聘网公布的 2018 年一季度人才招聘报告显示：互联网和金融行业人才吸引力依然处于高位，互联网技术岗位继续对高薪岗位排名实现集团式垄断。智联招聘的《互联网专业就业前景分析报告》显示：互联网行业的月平均工资为 11379 元。现在全国求职行业分布瞄准新兴业态，毕业生就业的行业方向将逐步向互联网、大数据、人工智能和实体经济深度融合的新兴就业机会、方向倾斜。互联网行业呈现出新的人才需求特征有两点：一是对一般人员的需求量大大减少了，但对中高级人才的需求仍在增加；二是对技术类高端人才的争夺日渐升温。

如果你未来想应聘互联网行业的 HR，那么程序员就是你每天要打交道的人。对这群人的形象描述经常是这样的——

着装：穿着舒服、便宜、样式大众化的休闲装，极少穿西装，很少穿皮鞋；早上起床基本不照镜子，不喷香水；常背装电脑的双肩包。

生活状态：作息时间一般不规律，对加班习以为常，手机 24 小时开机。下班时间一般也以电脑为伴，偶尔还要应付热心人士安排的相亲活动；周末经常宅在家里睡觉或打游戏；体形要么偏胖要么偏瘦，头发少，白发比同龄人要多。

工作态度：任劳任怨，加班是常事，很少抱怨加班，甚至因通宵加班而自豪，第二天勉强打起精神上班，以证明自己精力充沛；由于经常加班，缺少必要的人际交往，因此剩男多；开会时，几乎不发言，一般是隐形人。

职业生涯：一般有两条路线，一条是专家路线，专而精，比如去 BAT 充当精锐螺丝钉；一条是管理路线，大而全，找市场需求单干，创业团队小而美，产品都搭建在云平台上，方便扩张。

我大学时学的是人力资源管理专业，有一定专业基础，加上毕业时畅销书《杜拉拉升职记》比较火，所以顺理成章就选择了人力资源管理的工作。转眼 10 年过去了，面对很多诱惑，我依然坚守在人力资源的工作岗位上，从职业生涯角度来说，我的职业生涯基本稳定了。

我在两家公司正式工作过，第一家公司处于创业期，地点偏远，估计很多求职者不愿意去，而当时我的求职意向强，态度好，所以被公司录用了。刚入职时因为没有人带，为了能更好地适应工作，我的周末单休时间基本都奉献给培训班了。工作两年后，尽管老总以文化、感情、事业、薪酬等方式留人，但是我认为这份工作与自己的职业规划不同，所以坚决跳槽。我工作的第二家公司就是目前所在的公司，属于互联网行业，当时公司正处于发展期，招聘条件高，优秀候选者多。当时我带着很多证书去应聘，证书虽然不代表能力，但是代表了一个人的自律和学习能力。估计是因为我学习能力强，求职意向高，同时离家比较近，最终我被录用了。

虽说人力资源咨询工作不易，但我却对此乐此不疲，因为能给求职者提供咨询，凸显了我的工作成就感。现在很多刚毕业的大学生对将来的职业定位很迷茫，很像曾经的我。我帮他们分析，并引导他们去思考，给他们讲自我定位和职业规划。

在我做过的大量实习生咨询中，我发现，他们的问题主要集中在以下几个方面：

1. 职业定位。

2. 求职与面试技巧。

3. 缺乏自信。

4. 家庭（生娃）与职业的平衡。

其中关于如何进行职业定位的咨询最多，对于自己的职业定位，来询者大都表现得很茫然，不知道自己的兴趣、能力和价值观是什么，不知道自己该从事什么职业，不知道自己跨专业求职是否明智，等等。

▌关于职业定位的建议

（1）承认目前应届毕业生普遍存在的这类问题。

（2）了解自己的兴趣是什么。对哪些知识比较有兴趣，能否深入发展？如果不清晰可以去做霍兰德职业倾向测评、DISC 测评、MBTi 测评，对自己的兴趣、能力和价值观有一个大致的了解，然后通过人、事、抽象、具体四象限，以及他人评价等明确自己的优势和特长。

（3）通过网络或朋友的介绍了解相应的岗位职责和必备的任职条件。比如，通过前程无忧 App 和智联招聘 App 搜索到合适的岗位和任职条件，综合同类岗位和任职条件后，基本就能知道该岗位的特点了，然后思考自己有哪些突出的能力，应该如何弥补自己欠缺的能力。

这套咨询工具，大家可以拿来就用。2017 年 7 月，我辅导过一个华中农业大学的学生，他属于跨专业就业，最后收到四大会计事务所之一的 offer。那时我顿时感觉，那种被认可、被需要的成就感会让我越发热爱这份工作。

▓ 我对 HR 工作的经验总结

（1）素质是保证。

①人品要硬，这也是人力资源管理师考证必考部分（试卷开场就是 25 道职业道德题）；

②尊重同事；

③有团队合作意识。

（2）知识是基础。

①了解国家和地方政策法规，防患于未然；

②精通各个模块的专业知识。

（3）能力是根本。

①具有计算机操作能力；

②具有沟通能力、人际交往的能力、组织与协调能力、抗压能力；

③具有学习能力、分析问题和处理问题能力，尤其是要有应对突发问题的能力，执行力强。

▓ 关于 HR 的职业规划建议

（1）入行前的准备工作。

首先要结合自身的情况，对自己的兴趣、能力、价值观进行分析，看自己是否符合做人力资源工作。人力资源工作没有业绩指标，看起来很高大上，可以决定一个人前途，实际上工作很复杂，尤其是在二三线城市，经常要受"夹板子"气。一旦确定自己的目标是做人力资源工作，对新人来说，学习理论知识就必不可少了。

学习专业知识的途径有：

①看专业书籍，了解人力资源是干什么的。

②参加人力资源课程，系统、整体地学习人力资源知识，与志同道合的同学一起进步。

③加入人力资源从业者QQ群、微信群，了解他们每天做什么。

④结交人力资源大咖，参加论坛，有问题及时寻求帮忙。

⑤浏览人力资源网站、公众号，了解人力资源的最新动态。

（2）HR应该学习的知识。

做任何工作都需要学习，尤其是在没有基础的情况下，更要通过持续学习来改善自己。HR除了学习人力资源专业知识外，还需要学习：

①员工职业生涯规划知识。员工出现迷茫、焦虑、困惑等情况时，HR要从专业上给予指导。

②心理学知识。HR要及时发现和避免员工出现心理问题。

③性格／笔迹测评等有意识和无意识测评。这在人才选拔时非常适用。

④公共关系学。HR常常与人打交道。

⑤礼仪知识。HR不仅代表自己的职业化形象，也代表公司的形象。

⑥组织行为学。为了维护好员工关系，需要策划、组织、执行活动。

⑦劳动合同法。HR 要保证良好的劳资关系。

⑧公文写作知识。HR 经常需要做上传下达通知、起草规章制度等工作。

（3）入行途径。

①自荐做实习生。

②请师兄、师姐、老师、家人、朋友等推荐。

③关注招聘网、企业官网等线上信息。

在招聘实习生／应届毕业生时，企业首先会留心其所在的大学和所学专业。在学校和专业相同的情况下，企业比较看重的是积极主动和认真负责的态度、较强的沟通能力、吃苦耐劳的精神、团队意识、学习能力等软实力。

如果你是在校学生，一旦确定毕业后选择就业，就需要在平时多参加社会实践活动，做义工、兼职都是不错的选择。建议实践的方向选择与专业或实习单位／岗位相关的工种。

关于如何写简历的建议

（1）写全个人基本信息：姓名、性别、出生年月、学历、毕业院校、专业（包含所学课程）、学位、电话（尤其重要，并且摆在显眼的位置）、其他联系方式、政治面貌、照片、籍贯等。

（2）标明求职岗位或岗位类别。

（3）主次分明，重点突出。客观情况一笔带过，与求职岗位相关的工作经历、实习经历可以重点描述，尤其是具有重大影响的经历，最好采用 STAR 法则描述。至于奖励荣誉类的，简单陈列一些跟岗位相关的就好。

（4）不要用千篇一律的简历模板，适合自己的最好。实事求是，别过度包装。

（5）自我评价。多写自己对应聘职位的了解，以及自己与招聘岗位的匹配度。

（6）空谈兴趣不算数，只能算感官兴趣，简历上的兴趣要变成志趣——为之付出过努力，做出过成绩。

关于面试的建议

（1）礼仪方面：始终如一地微笑，聚精会神地倾听，简单的服装搭配，淡雅自然的妆容。

（2）实力方面：亮出自己的优点，对缺点适当变通，三思而答，自信。

（3）职业化：避免口头语，时刻提醒自己是在面试。

（4）多说客观情况，少说主观评价。

第七位导师：王蓓

所在行业：能源服务业

企业性质：国企

工龄：22 年

HR 从业工龄：15 年

国企，可能是大多数学子想进的首选企业，国企的优势确实不少，稳定性高，人文关怀度高，大多是双休，加班少。对于一些想找一份稳定工作的求职者来说，国企确实是他们的理想目标。但进这类企业的门槛还是比较高的，比如要有企业对口的相关专业，而且对学历的要求一般在本科以上，所以你在报考学校的时候就要有比较清晰的职业规划。

我所在的国企是与民生服务相关的能源企业，从发展前景看还是十分不错的。从目前国家的发展方向来看，智能服务管理将是未来的发展趋势，所以公司聘用的人才也趋向于高端人才，特别青睐有技术或职业资格证书的人才。而其中一些关键性岗位集中在财务管理、物资管理、业务扩展等领域。

作为一名在国企工作了 20 多年、从事人力资源工作 10 多年的资深 HR，我被一些想要从事这个职业的年轻人问得最多的问题就是："我要不要考证呢？""是先入行再考证还是先考证再入行呢？""我没有证书，能不能从事 HR 工作呢？"

说实话，目前很多从事 HR 工作的人并不一定都是科班出身，往往是误打误撞或由行政、文秘甚至财务人员转岗而来的。作为一个非科班出身的资深 HR，我以自己的亲身经历告诉大家，是否能在 HR 岗位上有所发展，主要还是要看个人意愿和专业能力。

▓ 个人意愿

从字面上来讲，个人意愿就是你是否愿意从事这份工作。在旁人眼中，HR 可能就是每天打打电话做做表格，到处找人聊天，只有算考勤和薪酬时忙一下，准时准点下班，是个轻松悠闲、光鲜亮丽的职业。但实际上，HR 工作是一份考验综合能力和心理素质的工作。要知道，人力资源是一个不直接产生效益的工作岗位，但是它却在无形中影响着企业的效益甚至生死。

人力资源工作服务的是整个企业，包括业务和员工。岗位分析评价、职务说明书、岗位绩效目标设定、绩效考核量化管理等人力资源模块与公司业务经营息息相关，不懂业务的 HR，不是一个好HR，所以 HRBP 及 HR 三支柱越来越多被提及。而人力资源工作离不开与人打交道，HR 上对公司（领导），下对员工，特别是基层员工，作用就是搭建好沟通的桥梁。有时候 HR 是坏人（裁员的时候就是老板的一把刀），有时是好人（到处找人聊天，套近乎，实际上要极具洞察力，善破谎言）。

■ 专业能力

非科班的 HR 一定就比科班的 HR 能力差吗？恰恰相反，如果你真正入了这个门，你会发现，之前的行政、文秘甚至财务这些工作经历将会是你从事 HR 工作的助力。因为，做好人力资源工作真的很不容易，需要的技能包括：

（1）良好的体力。为配合公司业务的发展速度，HR 需要开足马力，招人时拎着易拉宝跑人才市场，打电话预约面试；裁人时苦口婆心，尽量为企业节约成本；设计薪酬时，既要顾及企业成本预算，也要能调动员工工作积极性，时刻保证高效执行公司决策，并做好预判。

（2）熟练运用办公软件的能力。能用 Word 写出工作计划、工作总结；面对大量的薪酬数据，能用 Excel 函数快速准确地做好工资报表；设计招聘简章时能用 PPT 展示企业高大上的形象。

（3）培训演讲的能力。面对台下黑压压的员工，培训能做到激情澎湃、抑扬顿挫而又浅显易懂，鼓舞大家的工作积极性。

（4）一颗强大的内心。面对领导辞退员工的要求，顶着被打被骂的风险，和颜悦色地与员工面谈。

（5）熟悉劳动法律法规。一旦与员工对簿公堂，你要熟知相关法律知识，尽量为企业减少损失。

（6）了解企业生产业务知识的能力。HR 所做的所有工作，全部都围绕着企业的生产经营，不熟悉业务，就难以与业务部门沟通。

（7）掌握一定财务知识的能力。工资、社保、公积金，一旦与钱打上了交道，必定离不开与财务部门的联系。只有具有一定的财务知识，方可与财务部门斡旋，否则，你只能被牵着鼻子走。

（8）处理突发事件的公关能力。一旦你走上这个岗位，就要做好背锅的准备。公司业绩不好，是 HR 没有招到合适的人才；公司员工关系不和谐，是 HR 员工关系没有做到位；公司团建活动不理想，是 HR 没有组织好；公司员工离职频繁，是 HR 没有做好预防工作。

所以，如果你只是刚入行的小白，当然要从 HR 岗位的基础事务做起。而是否能从单一、重复、烦琐的事务性工作中脱颖而出，走上 HR 经理、HR 总监的管理岗位，成长为老板的左膀右臂，还需要你有过硬的专业知识、敏锐的观察力、庞大的知识储备、强大的心理建设、对各种事情的分析能力和对未来的格局观。

回到最开始的那个问题，你刚开始从事 HR 工作，并不一定有证书或具备专业的能力，但是，如果你立志要在这个岗位上有所建树，证书是你进阶的一块垫脚石。说到底，HR 是一门需要不断学习的专业，而且这种学习需要时刻保鲜，否则你很有可能被时代淘汰。

最后，给准备入行的 HR 们一点关于制作简历的小建议。

刚参加工作或刚准备入行的小白，可能之前没有什么耀眼的工作经历，所以简历的制作要尽可能地简单明了，但是再简单的简历也不能忘了必备的内容。否则，这样的简历拿出来，在专业的人看来不是简单，而是敷衍。

首先，在这个看脸的时代，一张彩色的本人登记照应该是必不可少的，拿到简历的 HR 不会对着一张 A4 纸猜测将来的同事长什么样，也不会面对堆积如山的简历，耗费时间去通知你再发一份有照片的简历。

其次，个人获得的奖励或证书应该是加分项。想想你大学四年都获得了哪些证书，即便是与应聘的岗位没有太大关联的，也不妨写上去，起码这是个展示你学习力的机会。

最后，注意细节，比如简历的内容少说套话，多说有针对性（与招聘公司或岗位有关）的话；简历的文件名不要只写"简历"两个字，可以用"投递日期＋应聘岗位＋求职者姓名"的格式，避免千篇一律。要知道，HR 看你简历的时间可能只有短短的一分钟左右，只有抱着推销商品的心态制作一份简历，才有可能提升你的面试概率。

第八位导师：顾丹丹

所在行业：IT 计算机互联网行业

企业性质：民企

工龄：14 年

HR 从业工龄：14 年

我是一名来自 IT 计算机互联网行业的 HR，现在这个行业正处于风口浪尖。我所在的企业几乎拥有行业最前沿的技术，耳濡目染，我知道了云计算、大数据、人工智能。国内互联网巨头 BAT（百度、阿里巴巴、腾讯），硬件企业华为、中兴等，让中国的计算机发展进入一个新的高度，也让世界看到了中国计算机的强大实力。但是，我们要有危机感，正如 2012 年任正非发表的内部讲话所言："我们现在做终端操作系统是出于战略的考虑，如果他们突然断了我们的粮食，安卓系统也不给我用了，我们是不是傻了……

我们不要狭隘，我们做操作系统，和做高端芯片是一样的道理。主要是让别人允许我们用，而不是断了我们的粮食。断了我们粮食的时候，备份系统要能用上。"

其实，作为人力资源从业者，这段话同样适用于我们。目前我国的人力资源教科书、理论多来自于西方的管理经验和积累，我们在学习的过程中，是否思考过中国国情以及社会复杂度的不同？是否想过我们应该从国外的管理经验和理论中加以择取和拓展，寻找到合适中国企业的管理方法？

我在前程无忧网站上随便选了三个跟计算机相关的领域，定位武汉，搜索人力资源，出现了 5122 条相关信息。在智联招聘网站搜索计算相关行业，定位武汉，搜索人力资源，出现 5400 多条相关信息；同等条件，定位北京，搜出 25000 条相关信息。这都说明计算机领域对 HR 还是有一定需求的。这还只是一个行业小分支的地域细分，可想而知，全国的 HR 需求量更是多达几十万、上百万人。可以说，HR 岗位在中国像财务、营销岗位一样，已成为必备的岗位。而且，无论是人力资源管理专业还是其他专业毕业的人，均可以进入这个行业。据统计，76% 的 HR 从业者非科班出身，且越往高层，两者的薪酬差距越小，到总监、COE（专家中心）级别，非科班出身的薪酬已反超科班出身的；女性 HR 从业者比例高于男性，达到 69%。

根据目前 HR 行业的热度及习惯，主要有以下岗位区分：COE、HRBP，以及绩效、培训、员工关系、招聘、薪酬（福利）、全模块和基础工作。

下面我就向大家介绍一下我的从业经历，也许能够帮助大家从不同角度认识 HR 工作。

我曾经也是 HR 小白

初入职场，我从一家制造业企业的总裁办文秘的基础工作做起。后来由于公司业务的需要，公司快速扩张，我便开始做招聘工作。与学校联系，搞校企合作，跑展会，浏览各招聘网站，我通过各种途径去招聘适合公司的人才。没人的时候招人，招来了人要培训、培养，让他们熟悉公司规章制度、公司的发展方向、公司的价值观和对员工的要求和希望。身为 HR，我有代表公司当被告的经历，也有亲临生产一线总结工作流程和注意事项的成就感，还有不断跟老板提要求，规范公司劳动关系的里程碑事件。

虽然在不断自我成长，但因为自己不是专业 HR 出身，我意识到了学习的必要性。于是我学习了人力资源方面的课程，以弥补自己专业知识体系的不足。我还经常去专业的 HR 群听专业大师们讲课，这一听就是十年，并成了他们的资深粉丝。而我自己也从以前只听不说话，或只会问人家怎么处理的"小白"，变成经常参与专业讨论、能够提出建议、分析解决方案的"老粉"。

没有压力，哪有动力

机会总是留给有准备的人，有一次我在 HR 学员群里看到有家公司在招 HR，就投了简历。就这样，我入职了一家业界排名全球第二的计算机企业。在这里，我的个人能力得到了飞速发展。

刚入职时，我的直属上司就让我在一周内提供三个汇报 PPT，一个是关于研发中心近几年的情况介绍，一个是调薪的市场调查及方案，一个是增加补充医疗险的方案。然后他给了我一些公司活动的照片，让我自己去琢磨。可以想象刚进入一个新环境的我当时的内心压力有多大。压力越大，越要迎难而上。我把之前用过的SWOT 图、PPT、架构图全都搬了出来，尽量用数据、图表化的内容来呈现，最终还是在规定时间内把三个 PPT 做出来了。上司看后眼睛一亮，几轮讨论修改后，就直接向总部的董事长汇报了。

没过几天，董事长和研发总经理要来武汉，这次上司又交给我一个大任务，让我当着董事长和总经理的面，给武汉全体同事做分享，主题自己定。我冥思苦想了几天，准备了《毕业 5 年，决定你的命运》的分享。上台做分享的时候，开始时很紧张，但慢慢就平静下来，尤其看到董事长在不停地点头，我越发镇定而自信。

随后研发中心开始扩张，我每天的工作除了招聘，还有各种事务性工作，每天跟打了鸡血似的，一刻也不曾停歇。我还参与了公司的年度培训计划、绩效考核制度及流程的设计及运行、制订新人培训计划、职业素养培训、管理人员培训等，参与项目多，参与活动频繁，自己像职业培训师一样不停地设计方案、培训讲解。经过两年魔鬼般的学习与历练，我的 HR 基本功、规划与整合能力、细节思考与处理能力都有了进一步提升，对人力资源也有了更多的想法。

▓ HR 是服务者，而不是主导者

后来经朋友推荐，我去了武汉的一家计算机企业，想通过我的所学所得，帮助这家公司解决管理上的问题。我入职后，也从人力资源角度开始了公司管理上的变革。

第一，从招聘流程、招聘需求到面试题库、面试评估标准，我迅速搭建起公司的人力资源体系，很快将公司20多人的团队扩展到60多人。

第二，制订项目绩效考核方案，通过与老板、员工及各个项目小组的反复讨论，不停修改完善，仅用一周的时间就完成了公司的第一套绩效考核方案。在后续的工作中，我依然每周记录数据，找偏离方向，及时总结和汇报。

第三，增加了住房公积金的福利，人员定级，制订《员工手册》。

当然，我在雷厉风行地做这些工作的时候，也不是一帆风顺的，其中的阻力主要来自公司的老员工。以前大家都散养惯了，现在有了规则，非常不适应。因此我也受到很多质疑和挑战，甚至被老员工各种挑刺，在会议上争得面红耳赤，彼此都不退让。后来老板对我说："以前散养，现在赶圈里面，需要一个适应期。你现在就是在拧螺丝，一次只能拧半圈，你太心急了，幅度太大，老员工会反弹的。"

我当时不太明白老板的话，只觉得很委屈。因此，在帮助公司把人力资源招聘、培训、绩效、制度等体系全部建好，并已经运行70%以上后，我选择了离开。

事后半年我总结整理才想明白：在一个公司里，那些老员工都是追随老板多年的人，也是老板最信赖的人，无论从业绩上还是从情感上，老板都要依靠他们。初到公司，HR要想推行新的制度，就要放下身段，融入员工，多听取他们的声音，积极地争取到老板、中层及核心骨干员工的认同及支持。这样，你的工作才能顺利

开展下去。任何制度和方案都需要落地，而且要服务于公司的业务
经营，不能给业务制造麻烦。想明白了这些，我又加入了一家新的
公司。

▨ 成为一个 HR 全才

有了前面的工作积累和心态保证，我又入职了一家计算机软
件开发企业。这是一家人才济济的企业，而且老板非常重视人力资
源管理。入职后，按照老板的要求，我先重点解决了人才招募、培
养与绩效管理体系搭建等问题。为了完成这个任务，入职后的最初
两个月，我找所有人进行一对一访谈，搞现状调查，弄明白员工到
底在想什么，问题出在哪里。先找到工作的方向，然后做出两份方
案，一份是问题诊断与解决方案，一份是内部人才推荐办法，提交
给老板，找老板要资源，解决人才引进渠道。

在这个过程中，我不断转换思维和方法，一个一个破解工作中
的难题，一年半后，把公司的研发团队从 20 多人扩充到近 80 人，
而且人才质量都特别高。

团队搭建完后，我开始做绩效和培训，并每隔一段时间盘点人
力情况，从员工的技能水平、工作内容、工作态度和培养潜质等方
面入手，先后培养了 20 多名技术工程师，他们都能够独立承担工
作，甚至很多人已成长为核心骨干人才。

通过深入业务部门及对产品流程的学习，我与各个层级的员工
有了更多的交流，而且能够理解他们的真实诉求。在彼此沟通和理
解的情况下，公司研发中心的运行逐渐步入正轨，无论是规划薪酬
福利、调薪和奖金分配，还是绩效方案、培训规划等，都得到了很

好的搭建和实施。

以上是我的从业经历，也是我的成长史，说来轻描淡写，其中的酸甜苦辣只有自己知道。希望我的经历能够给大家带来一点启发，也希望大家在未来的职业道路上走得更远。

第九位导师：冯雅琼

所在行业：消费金融业

企业性质：外企

工龄：10 年

HR 从业工龄：10 年

我可以很自豪地说，我是个斜杠青年，我有本职工作，也有第二职业，而我的首席标签就是——外企资深 HR。我目前所在公司在全球有 15 万名以上的员工，在中国有近 10 万名员工。主营消费金融业务，是中国在这一领域的龙头企业。首先为大家介绍一下消费金融行业。

▓ 什么是消费金融

消费金融是指向社会各阶层消费者提供的，以满足其对最终商品和服务的消费需求（不包括购买房屋和汽车）为目的的现代金融服务方式，通俗来讲是一种"借钱消费"行为，区别于"经营类贷款"。

▓ 消费金融的特点和服务人群

消费金融需求呈现小额、高频特征，客户群体收入层次分布多元化。从消费金融实践的情况看，单笔消费信贷的规模一般不会超过 100 万元，且大部分是 1 万元以下的微型信用需求。与消费行为的特征相类似，消费金融活动的发生一般也呈现出零散、高频的特征。

从主要客户群分布来看，上至商业银行的顶端高净值客户，下至低收入群体，都可能成为消费金融业务的对象。普遍而言，商业银行消费金融业务准入门槛较高，偏重于中高收入群体，而消费金融公司、商业机构等提供的消费金融服务则更多服务于在银行没有信用额度或信用额度不足的相对低端的客户群。

▓ 消费金融行业的现状

（1）在消费观念不断转变、居民收入持续增加、消费金融产品和服务快速创新的背景下，消费金融领域存在很大的提升空间。

随着全面深化改革的不断推进，刺激消费的相关政策不断发挥作用，消费需求保持了较为强劲的增长势头。人均可支配收入也逐年增加，为居民的消费需求和消费支出进一步增长打下了坚实的基础。

（2）消费观念转变及消费模式升级带动消费金融发展。

随着"80 后""90 后"成长为消费市场的主流消费人群，年轻人消费观念更加多样开放，再加上居民收入的不断增加、社保体系的逐步健全、消费环境的逐渐改善，消费者开始敢消费也愿意消费。社会主流的消费模式由传统的理性保守消费转变为提前消费、信用消费。

（3）消费金融公司试点全面放开。

2010 年以来，获得银监会批复的消费金融公司共 25 家，其中 22 家已开业，除上海、广州外，其余地区分布基本是"一省一家"。

虽然持牌消费金融公司起步较早，但是受限于场景、流量、数据等原因，发展较为缓慢。反而是具有场景、流量、数据优势的互联网企业在消费金融行业取得了先发优势。同时，一大批 P2P、小贷公司等快速切入消费金融领域，发展迅速。

■ 展望未来：行业需求将延续景气局面

我们相信，未来拥有场景、数据、风控基础的主体及具有牌照优势的持牌消费金融公司将继续受益于整个消费金融市场的快速增长，不合规的小平台将逐步退出市场。

消费金融行业未来的发展空间仍然广阔，但是在经历了野蛮生长后，走向合规是这个行业面临的迫切要求。

了解了消费金融行业的前世今生之后，不知道你是否对进入消费金融行业做 HR 感兴趣呢？我们都知道，行业的发展前景和薪酬水平会在很大程度上影响 HR 的收入水平。横向比较 HR 在各行业的薪酬，消费金融行业中 HR 的薪酬水平在市场中处于中等偏上位置，薪酬还是比较有吸引力的。

聊完了行业，我来给大家说说我是如何进入 HR 这个领域的，希望能给大家一些启发。

工作对于每个人的意义各有不同：有些人的工作是差事（Job）——为薪水而工作；有些人的工作是职业（Career）——为成就和升迁而工作，还有些人的工作是天职（Calling）——工作本身就是目的，这些人带着使命感工作，并在工作中得到自我实现。而 HR 就是我的天职。

仿佛是注定的缘分，从 2005 年高考结束选专业开始，我就为自己选择了人力资源管理这个刚刚兴起的专业，到现在，我已经在 HR 领域"混"了 14 年。李笑来老师说，7 年就是一辈子。算起来，我已经和 HR 领域纠缠了两辈子之久！要是不出什么意外，应该还有几辈子！

那么 HR 工作到底哪里吸引了我呢？在这里给大家介绍一个关于理想工作的公式：高兴趣 + 高能力 + 高价值 = 理想工作！

兴趣是你喜欢做什么，能力是你能做什么，价值是你最看重什么。

我一直非常喜欢探寻类似生命的意义、人格特质、天赋潜能之类的领域，喜欢指引和帮助人，小时候就梦想过当老师。所以，我一直希望我的工作能与智慧相关，通过知识和技能的运用，真正影响到他人。同时，我也希望我的工作能获得他人认可，有一定社会地位，还能持续发展，因为这样我会比较有安全感。因此，这些是我的兴趣和价值期待所在。

在我看来，HR 的工作就是基于对人性的了解，以及对企业人才需求的分析，运用知识和智慧解决问题，从而完成企业人力资源配置和人才发展规划任务。HR 工作随着经验和资历的提升，工作越久越有竞争力，同时还能获得社会地位、人脉资源和阅历沉淀等。

我现在是公司的人才发展部经理，管理招聘团队和培训团队，我的团队一共有 30 多人。我的通勤时间是周一到周五，朝九晚六，午休 1.5 个小时。现在，向大家介绍一下我工作中典型的一天是什么样子的：

9：00—9：30：整理当天需要处理的事项清单，查看和回复邮件。

9：30—10：00：处理第一个简单事项，比如审批同事的休假申请，或跟进某些工作的进展。

10：00—10：30：听取部门培训主管的工作汇报，并给予相应支持。

10：30—11：00：听取部门招聘主管的工作汇报，并给予相应支持。

11：00—11：30：处理清单上的事项。

11：30—13：00：午餐，和同事闲聊，午休。

13：00—14：00：处理清单上的事项。

14：00—15：30：旁听培训课程，对培训师进行反馈和指导。

15：30—16：30：经理周会。

16：30—18：00：处理清单上的事项，以及其他临时事项。

通过这些年的工作历练，我也明显看到了自己的成长和改变：

曾经的我非常感性和主观，现在的我更加成熟。我能很好地在不同的情境之下调用自己的左脑（逻辑理智）或右脑（情绪情感）。

逻辑思维和条理性由较弱变为很强，在工作和生活中我都养成了深入思考的好习惯。工作伙伴对我的评价是，思维缜密，逻辑强大，脑洞大开。

阅人无数，会识人用人，也能更好地了解自己，清楚自己的性格和喜好。

接触各行各业的人特别多，积累了各行业的人脉资源。

由于 HR 代表的不仅是个人，更是公司形象，所以会很注重自身形象气质的修炼。

管理和培养团队的能力由弱变很强。

养成了持续学习的习惯，并且有更多机会看到其他的发展可能性，比如从 HR 扩展到培训师、咨询师、咨询顾问等。

在我所有的职业经历当中，回想起来，对我帮助最大的主要有以下三点：

1.最重要的是，我始终保持学习的习惯，在工作之余经常看书、参加学习活动，拓展知识、眼界和人脉。

2.在招聘领域专注 3 年，又在培训领域专注 4 年，让我能对这两个模块都达到专精的程度，这是我个人的核心竞争力。

3.在外企工作 7 年，外企规范化的工作流程，非常锻炼人的逻辑思维和条理性，也会对工作有更高的专业性要求。

　　我认识的很多人都想进外企，特别是外企平等、民主、开放的企业文化很符合年轻人的职业价值观。现在说说我当时是怎么进入外企做 HR 的。

　　进入外企还是需要一些硬性条件和软性条件的。硬性条件主要是学历、专业、英语水平，软性条件主要是态度、沟通表达、形象气质。我的个人情况是，重点大学人力资源管理专业毕业，英语六级，有人力资源资格证书；具备一定的沟通表达能力；热爱人力资源工作，积极上进；形象气质还行。

　　我先后面试过两家外企，面试的时候，我都会打扮得比较职业，比如衬衣、短裙、盘发。我还记得进入第一家外企之后，我看到了部门经理面试我时记录的表格，上面有一个形容我的词是"干练"。我想这一方面和我在面试当中的表现有关，另外一方面也和我展示的面试形象有关。

　　现在，我会经常为我自己的部门面试下属，那么在我面试下属的时候，我最看重的是哪些方面呢？首先需要说明的是，由于工作需要，我面试的通常不会是应届毕业生，至少需要有一年的相关工作经验。除了工作经验，我最看重对方以下四个方面的特质：

　　1.对人力资源工作有热情。

　　2.逻辑和沟通表达能力较好，综合素养较高。

　　3.有分寸感，知道什么场合应该说什么话，做什么事，穿什么衣服。

4.责任心强、靠谱，做事情有交代。

在多年的观察中，我发现绝大部分 HR 并不是人力资源专业毕业的，所以相对来说，人力资源工作的入行门槛并不高，但是想要做好也不容易。如果你确实对人力资源工作感兴趣，想从事这方面工作，只是不清楚如何更好地进入心中理想的企业做人力资源的话，那么我分享给你一些技巧，教你如何快速提升能力，应聘到理想企业：

1.在招聘网站上查看理想企业和岗位的岗位要求和任职条件，看看自己有哪些需要补充的。

2.分辨哪些是知识、技能，哪些是才干，缺啥补啥。通常任职要求里会有以下几条：

（1）×××相关专业，×××学历——尽量达到，如果你真的特别优秀，这一条限制也可以放宽。

（2）×××经验——在大学时尽量去实习、兼职，或者去做能跟要从事的职业搭上边的事情。

（3）熟悉×××操作流程，熟悉×××政策——这个就是考验知识的掌握情况，知识就是靠看书学习去补充。

（4）具有良好的职业道德，责任心强，有较强的沟通、协调能力，有团队协作精神——如果发现自己沟通能力一般，可以学习如何提升沟通能力，看一些关于沟通表达的书籍或视频，同时多参加一些涉及沟通表达的活动，比如演讲比赛、学生社团活动、兼职实习等。如果是毕业了的人，可以在工作中锻炼自己。

（5）熟练使用 office 办公软件 —— 主要是 Word、Excel 和 PPT，可以在网上提前学习。

有很多学员经常问我如何写好简历。在我看来，市面上关于如何写好简历的文章特别多，所以大致内容我就不重复了，你用心做些搜索都是可以找到的。我只说两点，特别希望你能够注意到：

1.写简历的时候，对照你想投的目标公司和目标岗位的要求来写。也就是说，任职条件里面有哪些要求，你的简历里面就尽量体现出你有这方面的经验或者能力（面试时也要能够自圆其说）。

2.简历中避免出现一整段的内容，最好分成 1，2，3，4 点去写，这样显得清晰明了，逻辑条理性。如果你的简历、知识、能力及经验都是按照目标岗位的任职要求去准备的，你脱颖而出的可能性就会增大。

以上是我的分享，其实 HR 入门很简单，但做精深很难！祝大家都能顺利入职理想的平台，在人力资源的道路上越走越远！

第 三 章

HR 新人必备的基本功——劳动法律法规

　　现在所有的 HR 岗位招聘广告中，里面必有一句话，就是要熟悉中国的劳动法律法规。毋庸置疑，HR 的基本功就是这一节的内容——劳动法律法规。以我一个老 HR 的角度来看，如果没有这方面知识的积累，那么未来在 HR 岗位上你就会寸步难行。

　　在这里，我将自己学习劳动法律法规的方法和经验总结起来分享给大家。

学习劳动法律法规的四个正确观点

劳动法律法规是 HR 工作的基本功，每一个 HR 都要学且学好

作为从事 HR 一线工作的人来说，像薪酬、绩效、招聘、员工关系等人力资源管理中的模块都与劳动法律法规有着非常紧密的联系。我刚开始做 HR 时，我的 HR 经理就对我说："HR 的主要职责是给老板和管理层的重大决策提供支持意见的人，而很多决策是建立在劳动法律法规的基础之上的，因此 HR 要成为全公司最懂劳动法律法规的人，HR 要凭借自己的专业赢得老板和管理层的认可。有了认可，才可能有专业地位，才可能有好的职位和薪资福利。"于是，当时的我们花了一个月的时间恶补我国所有的劳动法律法规。

要集中化、密集化、系统化学习劳动法律法规知识和应用技能，再碎片化学习

现在不少企业的 HR 都会或多或少地参加关于劳动法律法规的公开课或听一些网络课程，但实际上，光凭零零散散的一两节公开课或网络课程根本不能系统地、完整地了解劳动法律法规在人力资源工作各个模块中的应用。碎片化学习这种方式在人力资源初级从业者身上无效。因此，我为大家梳理了劳动法律法规的学习方法。只要学完这些内容，你就有了一个系统的学习方法。这套方法经我本人 20 年来的工作实践验证过，非常有效。在我创业成立的人力资源培训公司里，有一个主要课程就是"人力资源法务师"，已经开了 5 年 50 多期。经过不断打磨及所有学员的验证，这是一套可操作性非常强的方法，大家只要认真学习这个方法，就会取得不错的成绩。

要成为一个既懂劳动法律法规，又懂 HR 专业的复合型人才

现在市面上的律师，大多主要从事证券上市、房地产开发、专利商标代理，以及公司设立、并购和涉外法律服务等方面的代理工作。与这些律师相比，专业劳动法律师处于紧缺而乏人问津的尴尬境地，出现了"紧缺但并不紧俏"的现状。究其原因，一方面是劳动法律法规政策纷繁复杂，劳动法律法规业务门槛低但专业性强，而涉及劳动法律法规业务的当事人支付能力、支付意愿均较低，导

致律师费效益较差，使得很多律师不愿意、没兴趣甚至不屑于涉足劳动法律法规业务。现实点说，就是打劳动纠纷官司的律师不挣钱。刚入行的律师可能会接劳动法纠纷的官司，但熬个五年八年十年，他们中大多数人都会转行接企业并购上市的案子，甚至帮人打债权官司、离婚官司去了。因此，在很多城市，精通劳动法律法规的律师不多，一线城市会好一点点。

从另一个角度讲，律师也帮助不了 HR 太多，因为他们对 HR 六大模块的工作原理并不了解，甚至因为是老板出钱请他们当法律顾问，他们大多只会站在老板的立场上出些点子，有时候这些点子可能会让 HR 的工作误入歧途。

比如，有一家民企老板既不愿意支付离职高管的竞业限制补偿金，又不想员工跳槽去竞争对手公司或自己创业，于是律师出个主意，就是把现行的工资再做拆分，硬说其中的 1000 元是支付给员工的"竞业限制费"。懂劳动法律法规的人都知道，这样做一点法律效用也没有。老板如果真这样做了，反而会引来知识型员工的嘲笑。

所以，HR 自己要认真学习劳动法律法规，成长为既懂 HR 专业知识，又懂劳动法律法规的复合型人才！我们要靠专业魅力为自己争得一席之地！这个世界能靠自己就尽量不要求人，何况，学习劳动法律法规的重点不是为了打官司时用，而是能把劳动法律法规融入日常 HR 的六大模块工作中，融入公司的规章制度里，帮老板防患于未然。

劳动关系管理模块应该分为劳动关系管理和员工关系管理

传统人力资源管理体系要梳理、转型和优化，在效率性和合规性并重理念下的用工管理，才是民营企业 HR 工作的方向。因此在实际工作中，在劳动关系管理模块里，初级的是"劳动关系管理"，更高一级的叫作"员工关系管理"。一般在大公司有做员工关系管理的专职 HR 岗位。在辞职创业之前，我所工作的三家外企都非常注重员工关系管理，我在沃尔玛的职务就是"招聘及员工关系经理"。我做了 12 年的一线 HR，从没有当过一次被告，就是因为我都非常懂得劳动法律法规，知道什么是红线不能踩，知道什么时候可以站在老板角度为公司合理省钱。

我们在外企时，当时公司设计的员工手册、规章制度都是在完全吃透劳动法律法规的基础之上制订的，这让职业道德不太好的员工钻不了一点漏洞，整个公司在人力资源制度的指引下，工作效率极高。比如，对于大错不犯、小错不断的员工，公司都有方法管理得很好，且前提是不违法。

员工关系管理是重是之重。员工关系做好了，就不会有劳动纠纷，因此，劳动法律法规是基本功，过了这第一关，再做员工关系管理工作就得心应手了。

▓ 劳动关系管理的两大难点

1. HR 得不到老板和管理层的信任，对一些不合理的制度无法提出修改建议，更没有能力去抵挡制度的推行实施。

这是因为 HR 本身对劳动法律法规不熟悉，工作没底气，不自信。面对这种情况，我认为应该凡事先找自己的原因，努力提升自己的能力，能力才是自己最强大的护身符。

2. 在劳动法律法规的框架下规范化管理，真正以人为本，这是对企业发展的基本要求，但是很多企业尤其是民营企业在管理上做得还不够到位。民营企业往往起步于家庭作坊，脱胎于个体私营经济，企业管理主要以老板的个人意志为主，管理效果只有10%～20%。甚至有些小企业没有规章制度，无视劳动法律法规，只会剥削、压榨、欺骗员工。这种小企业在二、三、四线城市的数量还是很庞大的。

有些企业的管理主要靠老板的个人魅力，我们不否认很多老板的个人魅力很强，在创业阶段仅靠个人魅力就可以实现80%甚至更高的管理效果。但是随着公司的发展、规模的扩大，个人魅力带来的管理效果越来越有限，如果过分迷信个人魅力，很可能会导致企业走下坡路。所以，我们必须建立科学的人力资源管理体系建设。

在一些不规范的中小民企做HR，往往处于两难境地：员工认为HR应该代表员工的利益，把HR看成安插到管理层的卧底；老板认为HR应该代表老板的立场，把HR看成打入员工内部的探子。因此，很多HR在处理劳动关系管理这个模块的工作时也非常苦恼。

《中华人民共和国劳动法》（下文简称《劳动法》）已经实施了20多年，修订了两次，《中华人民共和国劳动合同法》（下文简称《劳动合同法》）也已走过了11个年头，如今的劳动者尤其是新一代劳动者的法律维权意识很强，很多企业主也不断成长、成熟，更愿意遵纪守法，承担社会责任。因此，HR 要敢于伸张正义，把知法守法看成一种职业美德。

作为 HR 的你，万一真的遇到了明目张胆不守法的老板，想让你帮他无缘无故开除员工，不给员工购买保险，我建议你，首先，书面建议他按照劳动法律法规行事，告知那样做的法律风险。如果老板听从了你建议，那么你就用自己专业知识来处理；如果老板一意孤行，那就听他的，你尽到了自己的工作职责，也为自己保留了一份书面证据。其次，你要抓紧业余时间好好学习提升，然后找机会跳到真正遵法守法的公司去做 HR。

七步学习劳动法律法规

在我看来，学习劳动法律法规有三个境界：一是理解并背诵"重要的和常用的"条款；二是对于常见的劳动纠纷案例，知道适用的法律条款；三是公司的人力资源管理制度是基于劳动法律法规的流程再造，防患于未然。

碎片化学习并不适用于学习劳动法律法规，因此，我制订了一个"七步学习劳动法律法规"方案，指导大家用一个月的时间强化学习。

第1步：建档，准备好我国所有的劳动法规大全。

第2步：逐条学习劳动法律法规条款。

第3步：劳动法律法规条款记忆测试。

第4步：经典常见的100个劳动法纠纷案例学习。

第5步："从入职管理、在职管理到离职管理"全流程实操运用劳动法律法规。

第 6 步：学习后的行动计划——输出倒逼输入。

第 7 步：欢庆时刻和后续学习提升建议。

第 1 步：建档，准备好我国所有的劳动法律法规大全

2007 年 6 月 29 日，《劳动合同法》获得全国人大常委会通过。至此，社会各界对劳动法律法规的关注持续升温，劳动争议案件更以井喷之势出现。而《中华人民共和国就业促进法》《中华人民共和国劳动争议调解仲裁法》《中华人民共和国社会保险法》（以下简称《就业促进法》《劳动争议调解仲裁法》《社会保险法》）的先后实施，让人们对以劳动法领域的社会立法的关注提到了前所未有的高度。国家有关部门表示，《社会保险法》的实施，标志着中国社会主义法律体系的基本形成。

每一位 HR 电脑里面都应该有一个文件夹，名字叫作“我的劳动法律法规大全”，将自 1995 年颁布的《劳动法》第 1 版到今天所有跟人力资源工作有关的劳动法律法规进行整理分类和保存，在工作中需要查询时，点开即看。然后根据每年政府最新政策更新相关内容并存档，保证你的电脑中永远是最新最全的内容。

电脑存档时，建议分四大类。

1. 法律。

2. 行政法规和规范性文件（国家层面）。

3. 司法解释。

4. 行政法规和规范性文件（地方层面）。

什么是司法解释？就是最高人民法院依法做出的具有普遍司法效力的解释。广义上是指，每一个法官审理每一起案件，都要对具体适用的法律做出解释，然后才能做出裁判。

我做 HR 时，"我的劳动法律法规大全"就是按照这个分类一点点收集整理起来并建档管理的。每年有新的政策出台后，我会马上去找劳动局的红头文件，然后进行补充更新。这里要强调的是，我们更新法律条文不能只看媒体文章，因为有时只是一个草案，并没有发红头文件，有时记者或自媒体人也可能写错观点。对 HR 来讲，要有严谨的工作准则，一定要找到真正官方发布的正式红头文件来更新，要保证自己的电脑里保存的一定是从官方渠道得来的红头文件。

"我的劳动法律法规大全"目录

一、法律

《中华人民共和国劳动法》；

《中华人民共和国工会法》；

《中华人民共和国安全生产法》；

《中华人民共和国公司法》；

《中华人民共和国企业破产法》；

《中华人民共和国就业促进法》；

《中华人民共和国劳动争议调解仲裁法》；

《中华人民共和国社会保险法》；

《中华人民共和国个人所得税法》；

《中华人民共和国职业病防治法》；

《中华人民共和国劳动合同法》；

《中华人民共和国婚姻法》。

二、行政法规和规范性文件（国家层面）

（一）综合

《劳动部关于贯彻执行〈中华人民共和国劳动法〉若干问题的意见》；

《劳动和社会保障部关于非全日制用工若干问题的意见》；

《国家工商行政管理局关于禁止侵犯商业秘密行为的若干规定》。

（二）就业

《残疾人就业条例》；

《外国人在中国就业管理规定》；

《招用技术工种从业人员规定》；

《台湾香港澳门居民在内地就业管理规定》；

《就业服务与就业管理规定》。

（三）劳动合同与集体合同

《劳动合同法实施条例》；

《企业经济性裁减人员规定》；

《违反和解除劳动合同的经济补偿办法》；

《违反〈劳动法〉有关劳动合同规定的赔偿办法》；

《集体合同规定》；

《劳动和社会保障部关于确立劳动关系有关事项的通知》；

《劳动和社会保障部、中华全国总工会、中国企业联合会／中国企业家协会关于开展区域性行业性集体协商工作的意见》；

《劳务派遣行政许可实施办法》；

《劳务派遣暂行规定》；

《关于禁止侵犯商业秘密行为的若干规定》。

（四）工作时间与休息休假

《国务院关于职工探亲待遇的规定》；

《国务院关于职工工作时间的规定》；

《职工带薪年休假条例》；

《企业职工带薪年休假实施办法》；

《全国年节及纪念日放假办法》；

《国家劳动总局、财政部关于国营企业职工请婚丧假和路程假问题的规定》；

《企业职工患病或非因工负伤医疗期规定》；

《劳动部关于企业实行不定时工作制和综合计算工时工作制的审批办法》；

《国务院关于职工工作时间的规定的实施办法》；

《国务院关于职工工作时间的规定问题解答》；

《劳动部关于职工工作时间有关问题的复函》。

（五）工资

《关于工资总额组成的规定》；

《工资支付暂行规定》；

《对〈工资支付暂行规定〉有关问题的补充规定》；

《工资集体协商试行办法》；

《最低工资规定》；

《建设领域农民工工资支付管理暂行办法》；

《劳动和社会保障部关于职工全年月平均工作时间和工资折算问题的通知》；

《财政部、国家税务总局关于个人与用人单位解除劳动关系取得的一次性补偿收入征免个人所得税问题的通知》（财税 2001–157 号文件，2001 年 10 月 1 日起执行）；

《国家税务总局关于个人因解除劳动合同取得经济补偿金征收个人所得税问题的通知》（国税发 1999–178 号文件）。

（六）劳动保护

《企业职工伤亡事故分类标准》（GB 6441–86）；

《未成年工特殊保护规定》；

《女职工劳动保护特别规定》；

《使用有毒物品作业场所劳动保护条例》。

（七）社会保险

1. 综合：

《社会保险费征缴暂行条例》；

《实施〈中华人民共和国社会保险法〉若干规定》；

《社会保险登记管理暂行办法》；

《社会保险个人权益记录管理办法》；

《社会保险基金先行支付暂行办法》；

《在中国境内就业的外国人参加社会保险暂行办法》；

《社会保险费申报缴纳管理规定》。

2. 养老保险：

《国务院关于工人退休、退职的暂行办法》；

《国务院关于安置老弱病残干部的暂行办法》；

《国务院关于建立统一的企业职工基本养老保险制度的决定》；

《企业年金试行办法》；

《国务院关于完善企业职工基本养老保险制度的决定》；

《城镇企业职工基本养老保险关系转移接续暂行办法》；

《人力资源和社会保障部关于城镇企业职工基本养老保险关系转移接续若干具体问题的意见》；

《财政部、人力资源社会保障部、国家税务总局关于企业年金、职业年金个人所得税有关问题的通知》。

3. 失业保险：

《失业保险条例》；

《劳动和社会保障部、财政部、人事部关于事业单位参加失业保险有关问题的通知》；

《失业保险金申领发放办法》；

《人力资源和社会保障部、财政部关于领取失业保险金人员参加职工基本医疗保险有关问题的通知》。

4. 医疗保险：

《国务院关于建立城镇职工基本医疗保险制度的决定》；

《财政部、劳动和社会保障部关于企业补充医疗保险有关问题的通知》；

《流动就业人员基本医疗保障关系转移接续暂行办法》；

《关于进一步加强基本医疗保险医疗服务监管的意见》。

5. 工伤保险：

《工伤保险条例》；

《职业病分类和目录》；

《因工死亡职工供养亲属范围规定》；

《关于劳动能力鉴定有关问题的通知》；

《关于工伤保险费率问题的通知》；

《工伤认定办法》；

《非法用工单位伤亡人员一次性赔偿办法》；

《部分行业企业工伤保险费缴纳办法》；

《防暑降温措施管理办法》；

《人力资源社会保障部关于执行〈工伤保险条例〉若干问题的意见》。

6. 生育保险：

《企业职工生育保险试行办法》；

《财政部、国家税务总局关于生育津贴和生育医疗费有关个人所得税政策的通知》；

《中共中央国务院关于实施全面两孩政策改革完善计划生育服务管理的决定》。

（八）劳动争议处理与监督检查

《禁止使用童工规定》；

《劳动保障监察条例》；

《社会保险费征缴监督检查办法》；

《劳动和社会保障部关于实施〈劳动保障监察条例〉若干规定》；

《人事争议处理规定》；

《劳动人事争议仲裁办案规则》；

《人力资源社会保障行政复议办法》；

《企业劳动争议协商调解规定》。

（九）其他

《住房公积金管理条例》；

《建设部、财政部、中国人民银行关于住房公积金管理若干具体问题的指导意见》；

《财政部、国家税务总局关于基本养老保险费、基本医疗保险费、失业保险费、住房公积金有关个人所得税政策的通知》。

三、司法解释

《最高人民法院关于审理劳动争议案件适用法律若干问题的解释》；

《最高人民法院关于在民事审判工作中适用〈中华人民共和国工会法〉若干问题的解释》；

《最高人民法院关于人民法院审理事业单位人事争议案件若干问题的规定》；

《最高人民法院关于审理劳动争议案件适用法律若干问题的解释（二）》；

《最高人民法院关于审理劳动争议案件适用法律若干问题的解释（三）》；

《最高人民法院关于审理拒不支付劳动报酬刑事案件适用法律若干问题的解释》；

《最高人民法院关于审理劳动争议案件适用法律若干问题的解

释（四）》。

四、行政法规和规范性文件（地方层面，以武汉市为例）

《关于印发〈湖北省企业实行不定时工作制和综合计算工时工作制审批办法〉的通知》；

《湖北省人口与计划生育条例》；

《湖北省女职工劳动保护规定》；

《湖北省工伤预防费使用管理暂行办法》；

《省人力资源和社会保障厅关于印发〈湖北省社会保险欺诈案件查处办法〉的通知》；

《湖北省财政厅湖北省人力资源和社会保障厅关于印发〈湖北省技师培训补贴资金管理办法〉的通知》；

《湖北省工伤保险实施办法》；

《关于印发〈湖北省流动就业人员职工基本医疗保险关系转移接续暂行办法〉的通知》。

按照这个目录，请大家通过各种途径将这些红头文件都找出来，仔细研读，并灵活应用。

第2步：逐条学习劳动法律法规

"我的劳动法律法规大全"文件保存好了。接下来就是逐条吃透所有内容，其中最常用、最重要的条款要熟记于心，遇到部门经理发现一个人员管理难题来向你咨询一个条款时，你张口就能说：

"依据《劳动合同法》第四十条第二款的规定，你不能这样做……建议你这样操作……"这就是 HR 的专业范儿，这也是每一个 HR 都要达到的水准。

在所有的劳动法规中，2008 年发布的《劳动合同法》和《中华人民共和国劳动合同法实施条例》（下文简称《劳动合同法实施条例》）最为重要，要深入学习，对一些重要条款要会背诵。下面介绍我当年学习它们的方法，很有效率。

■《劳动合同法》立法的目的

为了完善劳动合同制度，明确劳动合同双方当事人的权利和义务，保护劳动者的合法权益，构建和发展和谐稳定的劳动关系。

《劳动合同法》于 2012 年 12 月 28 日修订过一次，全文 98 条，在 HR 工作中运用得非常多，为了方便大家分类记忆，我做了小主题分解。分主题理解和记忆不仅可以节约时间，更有利于大家理解《劳动合同法》。

■ 分主题学习、理解和记忆

（1）关于《劳动合同法》适用范围的条款有：

第二条 中华人民共和国境内的企业、个体经济组织、民办非企业单位等组织（以下称用人单位），与劳动者建立劳动关系，订立、履行、变更、解除或者终止劳动合同，适用本法。

国家机关、事业单位、社会团体和与其建立劳动关系的劳动者，订立、履行、变更、解除或者终止劳动合同，依照本法执行。

第九十三条　对不具备合法经营资格的用人单位的违法犯罪行为，依法追究法律责任；劳动者已经付出劳动的，该单位或者其出资人应当依照本法有关规定向劳动者支付劳动报酬、经济补偿、赔偿金；给劳动者造成损害的，应当承担赔偿责任。

第九十四条　个人承包经营违反本法规定招用劳动者，给劳动者造成损害的，发包的组织与个人承包经营者承担连带赔偿责任。

第九十六条　事业单位与实行聘用制的工作人员订立、履行、变更、解除或者终止劳动合同，法律、行政法规或者国务院另有规定的，依照其规定；未作规定的，依照本法有关规定执行。

（2）关于劳动合同订立的条款有：

第七条　用人单位自用工之日起即与劳动者建立劳动关系。用人单位应当建立职工名册备查。

第十条　建立劳动关系，应当订立书面劳动合同。已建立劳动关系，未同时订立书面劳动合同的，应当自用工之日起一个月内订立书面劳动合同。用人单位与劳动者在用工前订立劳动合同的，劳动关系自用工之日起建立。

第十四条　用人单位自用工之日起满一年不与劳动者订立书面劳动合同的，视为用人单位与劳动者已订立无固定期限劳动合同。

第八十二条　用人单位自用工之日起超过一个月不满一年未与劳动者订立书面劳动合同的，应当向劳动者每月支付二倍的工资。用人单位违反本法规定不与劳动者订立无固定期限劳动合同的，自应当订立无固定期限劳动合同之日起向劳动者每月支付二倍的工资。

第九十七条　本法施行前已建立劳动关系，尚未订立书面劳动合同的，应当自本法施行之日起一个月内订立。

（3）关于劳动合同生效的条款有：

第十六条　劳动合同由用人单位与劳动者协商一致，并经用人单位与劳动者在劳动合同文本上签字或者盖章生效。

第二十六条　下列劳动合同无效或者部分无效:（一）以欺诈、胁迫的手段或者乘人之危，使对方在违背真实意思的情况下订立或者变更劳动合同的;（二）用人单位免除自己的法定责任、排除劳动者的权利的;（三）违反法律、行政法规强制性规定的。对劳动合同的无效或者部分无效有争议的，由劳动行政部门、劳动争议仲裁机构或者人民法院确认。

第二十七条　劳动合同部分无效，不影响其他部分效力的，其他部分仍然有效。

第二十八条　劳动合同被确认无效，劳动者已付出劳动的，用人单位应当向劳动者支付劳动报酬。劳动报酬的数额，参照本单位相同或者相近岗位劳动者的劳动报酬确定。

第八十六条　劳动合同依照本法第二十六条规定被确认无效，给对方造成损害的，有过错的一方应当承担赔偿责任。

（4）关于劳动合同期限的条款有：

第十二条　劳动合同分为固定期限劳动合同、无固定期限劳动合同和以完成一定工作任务为期限的劳动合同。

第十四条　无固定期限劳动合同，是指用人单位与劳动者约定无确定终止时间的劳动合同。

用人单位与劳动者协商一致，可以订立无固定期限劳动合同。有下列情形之一，劳动者提出或者同意续订、订立劳动合同的，除劳动者提出订立固定期限劳动合同外，应当订立无固定期限劳动合同：

（一）劳动者在该用人单位连续工作满十年的；

（二）用人单位初次实行劳动合同制度或者国有企业改制重新订立劳动合同时，劳动者在该用人单位连续工作满十年且距法定退休年龄不足十年的；

（三）连续订立二次固定期限劳动合同，且劳动者没有本法第三十九条和第四十条第一项、第二项规定的情形，续订劳动合同的。

用人单位自用工之日起满一年不与劳动者订立书面劳动合同的，视为用人单位与劳动者已订立无固定期限劳动合同。

第八十二条　用人单位自用工之日起超过一个月不满一年未与劳动者签订立书面劳动合同的，应当向劳动者每月支付二倍的工资。用人单位违反本法规定不与劳动者订立无固定期限劳动合同的，自应当订立无固定期限劳动合同之日起向劳动者每月支付二倍的工资。

（5）关于试用期的条款有：

第十九条　劳动合同期限三个月以上不满一年的，试用期不得超过一个月；劳动合同期限一年以上不满三年的，试用期不得超过二个月；三年以上固定期限和无固定期限的劳动合同，试用期不得超过六个月。

同一用人单位与同一劳动者只能约定一次试用期。以完成一定工作任务为期限的劳动合同或者劳动合同期限不满三个月的，不得约定试用期。

试用期包含在劳动合同期限内。劳动合同仅约定试用期的，试用期不成立，该期限为劳动合同期限。

第二十条　劳动者在试用期的工资不得低于本单位相同岗位最低档工资或者劳动合同约定工资的百分之八十，并不得低于用人单位所在地的最低工资标准。

第二十一条　在试用期中，除劳动者有本法第三十九条和第四十条第一项、第二项规定的情形外，用人单位不得解除劳动合同。用人单位在试用期解除劳动合同的，应当向劳动者说明理由。

第三十七条　劳动者提前三十日以书面形式通知用人单位，可以解除劳动合同。劳动者在试用期内提前三日通知用人单位，可以解除劳动合同。

第八十三条　用人单位违反本法规定与劳动者约定试用期的，由劳动行政部门责令改正；违法约定的试用期已经履行的，由用人单位以劳动者试用期满月工资为标准，按已经履行的超过法定试用期的期间向劳动者支付赔偿金。

（6）关于劳动合同必备条款、约定条款和免责条款的条款有：

第十七条　劳动合同应当具备以下条款：（一）用人单位的名称、住所和法定代表人或者主要负责人；（二）劳动者的姓名、住址和居民身份证或者其他有效身份证件号码；（三）劳动合同期限；（四）工作内容和工作地点；（五）工作时间和休息休假；（六）劳动报酬；（七）社会保险；（八）劳动保护、劳动条件和职业危害防护；（九）法律、法规规定应当纳入劳动合同的其他事项。劳动合同除前款规定的必备条款外，用人单位与劳动者可以约定试用期、培训、保守秘密、补充保险和福利待遇等其他事项。

第二十六条　下列劳动合同无效或者部分无效：

（一）以欺诈、胁迫的手段或者乘人之危，使对方在违背真实意思的情况下订立或者变更劳动合同的；（二）用人单位免除自己的法定责任、排除劳动者权利的；（三）违反法律、行政法规强制性规定的。对劳动合同的无效或者部分无效有争议的，由劳动争议仲裁机构或者人民法院确认。

（7）关于规章制度制订程序的条款有：

第四条　用人单位应当依法建立和完善劳动规章制度，保障劳动者享有劳动权利、履行劳动义务。

用人单位在制定、修改或者决定有关劳动报酬、工作时间、休息休假、劳动安全卫生、保险福利、职工培训、劳动纪律以及劳动定额管理等直接涉及劳动者切身利益的规章制度或者重大事项时，应当经职工代表大会或者全体职工讨论，提出方案和意见，与工会或者职工代表平等协商确定。

在规章制度和重大事项决定实施过程中，工会或者职工认为不适当的，有权向用人单位提出，通过协商予以修改完善。

用人单位应当将直接涉及劳动者切身利益的规章制度和重大事项决定公示，或者告知劳动者。

（8）关于培训、服务期与违约金的条款有：

第二十二条　用人单位为劳动者提供专项培训费用，对其进行专业技术培训的，可以与该劳动者订立协议，约定服务期。

劳动者违反服务期约定的，应当按照约定向用人单位支付违约金。违约金的数额不得超过用人单位提供的培训费用。用人单位要求劳动者支付的违约金不得超过服务期尚未履行部分所应分摊的培训费用。

用人单位与劳动者约定服务期的，不影响按照正常的工资调整机制提高劳动者在服务期期间的劳动报酬。

第二十五条　除本法第二十二条和第二十三条规定的情形外，用人单位不得与劳动者约定由劳动者承担违约金。

（9）关于竞业限制的条款有：

第二十三条　用人单位与劳动者可以在劳动合同中约定保守用人单位的商业秘密和与知识产权相关的保密事项。对负有保密义务的劳动者，用人单位可以在劳动合同或者保密协议中与劳动者约定竞业限制条款，并约定在解除或者终止劳动合同后，在竞业限制期

限内按月给予劳动者经济补偿。劳动者违反竞业限制约定的，应当
按照约定向用人单位支付违约金。

第二十四条　竞业限制的人员限于用人单位的高级管理人员、
高级技术人员和其他负有保密义务的人员。竞业限制的范围、地
域、期限由用人单位与劳动者约定，竞业限制的约定不得违反法
律、法规的规定。在解除或者终止劳动合同后，前款规定的人员到
与本单位生产或者经营同类产品、从事同类业务的有竞争关系的其
他用人单位，或者自己开业生产或者经营同类产品、从事同类业务
的竞业限制期限，不得超过二年。

（10）关于用人单位单方解除劳动合同的条款有：

第三十九条　劳动者有下列情形之一的，用人单位可以解除
劳动合同：（一）在试用期间被证明不符合录用条件的；（二）严重
违反用人单位的规章制度的；（三）严重失职，营私舞弊，给用人
单位造成重大损害的；（四）劳动者同时与其他用人单位建立劳动
关系，对完成本单位的工作任务造成严重影响，或者经用人单位提
出，拒不改正的；（五）因本法第二十六条第一款第一项规定的情
形致使劳动合同无效的；（六）被依法追究刑事责任的。

第四十条　有下列情形之一的，用人单位提前三十日以书面形
式通知劳动者本人或者额外支付劳动者一个月工资后，可以解除劳
动合同：（一）劳动者患病或者非因工负伤，在规定的医疗期满后
不能从事原工作，也不能从事由用人单位另行安排的工作的；（二）
劳动者不能胜任工作，经过培训或者调整工作岗位，仍不能胜任工

作的;(三)劳动合同订立时所依据的客观情况发生重大变化,致使劳动合同无法履行,经用人单位与劳动者协商,未能就变更劳动合同内容达成协议的。

第四十一条 有下列情形之一,需要裁减人员二十人以上或者裁减不足二十人但占企业职工总数百分之十以上的,用人单位提前三十日向工会或者全体职工说明情况,听取工会或者职工的意见后,裁减人员方案经向劳动行政部门报告,可以裁减人员:(一)依照企业破产法规定进行重整的;(二)生产经营发生严重困难的;(三)企业转产、重大技术革新或者经营方式调整,经变更劳动合同后,仍需裁减人员的;(四)其他因劳动合同订立时所依据的客观经济情况发生重大变化,致使劳动合同无法履行的。

裁减人员时,应当优先留用下列人员:(一)与本单位订立较长期限的固定期限劳动合同的;(二)与本单位订立无固定期限劳动合同的;(三)家庭无其他就业人员,有需要扶养的老人或者未成年人的。

用人单位依照本条第一款规定裁减人员,在六个月内重新招用人员的,应当通知被裁减的人员,并在同等条件下优先招用被裁减的人员。

(11)关于员工单方解除劳动合同的条款有:

第三十八条 用人单位有下列情形之一的,劳动者可以解除劳动合同:(一)未按照劳动合同约定提供劳动保护或者劳动条件的;(二)未及时足额支付劳动报酬的;(三)未依法为劳动者缴纳社会保险费的；（四）用人单位的规章制度违反法律、法规的规定，损害劳动者权益的；（五）因本法第二十六条第一款规定的情形致使劳动合同无效的；（六）法律、行政法规规定劳动者可以解除劳动合同的其他情形。

用人单位以暴力、威胁或者非法限制人身自由的手段强迫劳动者劳动的，或者用人单位违章指挥、强令冒险作业危及劳动者人身安全的，劳动者可以立即解除劳动合同，不需事先告知用人单位。

（12）关于劳动合同解除、终止的限制的条款有：

第四十二条　劳动者有下列情形之一的，用人单位不得依照本法第四十条、第四十一条的规定解除劳动合同：（一）从事接触职业病危害作业的劳动者未进行离岗前职业健康检查，或者疑似职业病病人在诊断或者医学观察期间的；（二）在本单位患职业病或者因工负伤并被确认丧失或者部分丧失劳动能力的；（三）患病或者非因工负伤，在规定的医疗期内的；（四）女职工在孕期、产期、哺乳期的；（五）在本单位连续工作满十五年，且距法定退休年龄不足五年的；（六）法律、行政法规规定的其他情形。

第四十五条　劳动合同期满，有本法第四十二条规定情形之一的，劳动合同应当续延至相应的情形消失时终止。但是，本法第四十二条第二项规定丧失或者部分丧失劳动能力劳动者的劳动合同的终止，按照国家有关工伤保险的规定执行。

（13）关于合同解除或终止经济补偿金的条款有：

第四十六条　有下列情形之一的，用人单位应当向劳动者支付经济补偿：（一）劳动者依照本法第三十八条规定解除劳动合同的；（二）用人单位依照本法第三十六条规定向劳动者提出解除劳动合同并与劳动者协商一致解除劳动合同的；（三）用人单位依照本法第四十条规定解除劳动合同的；（四）用人单位依照本法第四十一条第一款规定解除劳动合同的；（五）除用人单位维持或者提高劳动合同约定条件续订劳动合同，劳动者不同意续订的情形外，依照本法第四十四条第一项规定终止固定期限劳动合同的；（六）依照本法第四十四条第四项、第五项规定终止劳动合同的；（七）法律、行政法规规定的其他情形。

第四十七条　经济补偿按劳动者在本单位工作的年限，每满一年支付一个月工资的标准向劳动者支付。六个月以上不满一年的，按一年计算；不满六个月的，向劳动者支付半个月工资的经济补偿。

劳动者月工资高于用人单位所在直辖市、设区的市级人民政府公布的本地区上年度职工月平均工资三倍的，向其支付经济补偿的标准按职工月平均工资三倍的数额支付，向其支付经济补偿的年限最高不超过十二年。

本条所称月工资是指劳动者在劳动合同解除或者终止前十二个月的平均工资。

（14）关于单位违法解除劳动合同的法律责任的条款有：

第四十八条 用人单位违反本法规定解除或者终止劳动合同，劳动者要求继续履行劳动合同的，用人单位应当继续履行；劳动者不要求继续履行劳动合同或者劳动合同已经不能继续履行的，用人单位应当依照本法第八十七条规定支付赔偿金。

第八十七条 用人单位违反本法规定解除或者终止劳动合同的，应当依照本法第四十七条规定的经济补偿标准的二倍向劳动者支付赔偿金。

（15）关于退工手续办理的条款有：

第五十条 用人单位应当在解除或者终止劳动合同时出具解除或者终止劳动合同的证明，并在十五日内为劳动者办理档案和社会保险关系转移手续。

劳动者应当按照双方约定，办理工作交接。用人单位依照本法有关规定应当向劳动者支付经济补偿的，在办结工作交接时支付。

用人单位对已经解除或者终止的劳动合同的文本，至少保存二年备查。

（16）关于劳务派遣的条款有：

第五十八条 劳务派遣单位是本法所称用人单位，应当履行用人单位对劳动者的义务。劳务派遣单位与被派遣劳动者订立的劳动合同，除应当载明本法第十七条规定的事项外，还应当载明被派遣劳动者的用工单位以及派遣期限、工作岗位等情况。

劳务派遣单位应当与被派遣劳动者订立二年以上的固定期限劳动合同，按月支付劳动报酬；被派遣劳动者在无工作期间，劳务派遣单位应当按照所在地人民政府规定的最低工资标准，向其按月支付报酬。

第五十九条　劳务派遣单位派遣劳动者应当与接受以劳务派遣形式用工的单位（以下称用工单位）订立劳务派遣协议。劳务派遣协议应当约定派遣岗位和人员数量、派遣期限、劳动报酬和社会保险费的数额与支付方式以及违反协议的责任。

用工单位应当根据工作岗位的实际需要与劳务派遣单位确定派遣期限，不得将连续用工期限分割订立数个短期劳务派遣协议。

第六十条　劳务派遣单位应当将劳务派遣协议的内容告知被派遣劳动者。

劳务派遣单位不得克扣用工单位按照劳务派遣协议支付给被派遣劳动者的劳动报酬。

劳务派遣单位和用工单位不得向被派遣劳动者收取费用。

第六十一条　劳务派遣单位跨地区派遣劳动者的，被派遣劳动者享有的劳动报酬和劳动条件，按照用工单位所在地的标准执行。

第六十二条　用工单位应当履行下列义务：（一）执行国家劳动标准，提供相应的劳动条件和劳动保护；（二）告知被派遣劳动者的工作要求和劳动报酬；（三）支付加班费、绩效奖金，提供与工作岗位相关的福利待遇；（四）对在岗被派遣劳动者进行工作岗位所必需的培训；（五）连续用工的，实行正常的工资调整机制。

用工单位不得将被派遣劳动者再派遣到其他用人单位。

第六十三条　被派遣劳动者享有与用工单位的劳动者同工同酬的权利。用工单位无同类岗位劳动者的，参照用工单位所在地相同或者相近岗位劳动者的劳动报酬确定。

第六十四条　被派遣劳动者有权在劳务派遣单位或者用工单位依法参加或者组织工会，维护自身的合法权益。

第六十五条　被派遣劳动者可以依照本法第三十六条、第三十八条的规定与劳务派遣单位解除劳动合同。被派遣劳动者有本法第三十九条和第四十条第一项、第二项规定情形的，用工单位可以将劳动者退回劳务派遣单位，劳务派遣单位依照本法有关规定，可以与劳动者解除劳动合同。

第六十六条　劳务派遣一般在临时性、辅助性或者替代性的工作岗位上实施。

第六十七条　用人单位不得设立劳务派遣单位向本单位或者所属单位派遣劳动者。

（17）关于非全日制用工的条款有：

第六十八条　非全日制用工，是指以小时计酬为主，劳动者在同一用人单位一般平均每日工作时间不超过四小时，每周工作时间累计不超过二十四小时的用工形式。

第六十九条　非全日制用工双方当事人可以订立口头协议。从事非全日制用工的劳动者可以与一个或者一个以上用人单位订立劳动合同；但是，后订立的劳动合同不得影响先订立的劳动合同的履行。

第七十条　非全日制用工双方当事人不得约定试用期。

第七十一条　非全日制用工双方当事人任何一方都可以随时通知对方终止用工。终止用工，用人单位不向劳动者支付经济补偿。

第七十二条　非全日制用工小时计酬标准不得低于用人单位所在地人民政府规定的最低小时工资标准。非全日制用工劳动报酬结算支付周期最长不得超过十五日。

把法律条文分成小主题，逻辑清晰，方便理解记忆。按照小主题把这份《劳动合同法》学习完，再去网上下载一份 2008 年 9 月 18 日出台的《劳动合同法实施条例》，里面有更明细的条款解释。把两份文件对照着一起学习，能够加深理解和记忆。当然，学习完这两个最常用、最重要的法条，还需要学习"我的劳动法律法规大全"中的其他条款。在劳动法律法规的学习上投入时间和精力，对你整个 HR 职业生涯的回报非常大，值得你花时间付出。

第 3 步：劳动法律法规条款记忆测试

考试是必须的，没有学习压力就没有学习动力，所有报过我的"人力资源法务师""劳动法实操课"课程的同学，在完成 30 天强化学习后，都需完成我亲拟的考试卷。试题是我根据 20 年一线 HR 从业经验，从上面提到的"我的劳动法律法规大全"中筛选出来的，都是 HR 最常用、最重要的劳动法规，都是需要 HR 会背诵、张嘴就能答的条款。满分 100 分，85 分可以过关。作为购买本书的礼物，在我的公众号"HR 生涯导师宋文艳"里输入"我要参加劳动法考试",你就可以免费下载这套试卷。如果能够把上面的每道题都做对,就代表你的劳动法律法规知识过关了。

今年我正式发起一个"劳动法律法规知识大扫盲"的学习活动。我的梦想是为了提升中国 HR 实操技能水平,向全国刚入行 1 ~ 3 年的所有 HR 普及劳动法律法规知识模块。因为作为 HR,熟知劳动法律法规是基本功,系统地强化学习劳动法律法规是必须的!一个不懂劳动法律法规的 HR,根本就不算是 HR。

第 4 步:常见的 100 个劳动纠纷案例学习

学习劳动法律法规最有效的方法就是案例学习,我做一线 HR 经理 12 年,又做了 12 年 HR 的培训工作,给我的学员收集汇总了 100 个案例,涵盖了从员工入职到离职的全流程中最关键的 21 个主题节点中最容易出现劳动纠纷的地方。作为 HR 新人,先学习这 100 个真实案例,再去实践中做 HR 工作,那真是事半功倍。

你可以在我的公众号"HR 生涯导师宋文艳"中查找相关案例,提升实操能力。这些案例的主题如下:

主题 1 有关"招聘录用"工作过程中最常发生的典型劳动纠纷案例

案例 001:公司有权辞退依凭虚假材料入职的员工吗?

案例 002:高级人才承诺对原雇主自行承担责任的声明有效还是无效?

案例 003:企业单方面撤销录用,解除该合同,是否具有法律效力？

案例 004：用人单位不得进行就业歧视。

主题 2　有关"订立劳动合同"工作过程中最常发生的典型劳动纠纷案例

案例 005：三方协议订立等于劳动关系建立吗？

案例 006：固定期限劳动合同转换为无固定期限劳动合同是自动的吗？

案例 007：两次续签劳动合同应当订立无固定期限劳动合同吗？

案例 008：不订立书面劳动合同有什么样的法律风险？

案例 009：没有法定必备条款是否意味着劳动合同无效？

案例 010：劳动合同中的禁止结婚约定有效无效？

案例 011：员工本人不愿意订立书面合同该如何处理？

案例 012：先签试用期合同再签劳动合同？

主题 3　有关"劳务关系"工作过程中最常发生的典型劳动纠纷案例

案例 013：事实劳动关系与劳务关系的判定。

案例 014：上海某汽车公司清洁工要求补偿案。

案例 015：退休返聘员工超时工作有无加班费？

案例 016：上海首例退休人员工伤认定案。

案例 017：聘用内退人员建立特殊劳动关系。

主题 4　有关"非全日制用工"工作过程中最常发生的典型劳动纠纷案例

　　案例 018：非全日制用工员工老赵能要到经济补偿金吗？

　　案例 019：非全日制用工工资低于最低工资标准案。

　　案例 020：非全日制用工员工无须缴纳工伤保险？

主题 5　有关"试用期"工作过程中最常发生的典型劳动纠纷案例

　　案例 021：试用期可否以"不能胜任工作"为由解除合同？

　　案例 022：录用条件约定不明能不能辞退？

　　案例 023：调整工作岗位能否再次约定试用期？

　　案例 024：企业可以随时延长或缩短试用期吗？

　　案例 025：试用期考核不合格可以随时解除合同吗？

　　案例 026：试用期考核不合格辞退，企业却败诉，为什么？

　　案例 027：劳动者在试用期内提前三日通知用人单位，可以解除劳动合同。

主题 6　有关"公司规章制度"工作过程中最常发生的典型劳动纠纷案例

　　案例 028：企业有劳动合同就不需要规章制度？

　　案例 029：劳动合同与规章制度不一致时如何处理？

　　案例 030：用人单位制订的规章制度能否作为人民法院审理案件的依据？

　　案例 031：违法的规章制度无效及其处理问题。

案例 032：员工被末位淘汰制度淘汰无效。

案例 033：规章制度没有经过公示程序不生效。

案例 034：员工手册作为劳动合同一部分的效力如何？

主题 7　有关"工时制度"工作过程中最常发生的典型劳动纠纷案例

案例 035：综合计算工时制最节省加班费开支？

案例 036：薪资约定为不低于最低工资标准的法律后果。

案例 037：公司不能提供特殊工时制批准文件承担不利后果。

主题 8　有关"工资、社保、年终奖"工作过程中最常发生的典型劳动纠纷案例

案例 038：依照规章制度扣除员工工资合法吗？

案例 039：员工休病假情形下的工资支付。

案例 040：销售人员款到提成制度是否有效？

案例 041：员工离职仍有权要求企业支付年终奖吗？

案例 042：试用期可以支付半薪工资并不用支付社保费吗？

主题 9　有关"加班"工作过程中最常发生的典型劳动纠纷案例

案例 043：员工加班加点的薪资计算基数可以自行约定吗？

案例 044：计件工时制就没有加班费之说吗？

案例 045：用人单位应该按程序合理安排加班。

主题 10　有关"休息休假"工作过程中最常发生的典型劳动纠纷案例

案例 046：员工申请法定带薪年假就必须许可？

案例 047：离职员工的年休假折算方法。

主题 11　有关"病假和医疗期"工作过程中最常发生的典型劳动纠纷案例

案例 048：公司规定员工指定医院就医方可认定病假？

案例 049：农民工工伤后患病遭遇解除是否合法？

案例 050：医疗期内终止劳动合同不合法。

主题 12　有关"女职工"工作过程中最常发生的典型劳动纠纷案例

案例 051：女职工"三期"薪资支付管理。

案例 052：女职工对经济性裁员的特别应对。

案例 053："三期"女职工以不能胜任工作为由被解除劳动合同案。

案例 054：女职工在"三期"内严重违反用人单位规章制度的，用人单位可以单方解除劳动合同。

主题 13　有关"培训服务期"工作过程中最常发生的典型劳动纠纷案例

案例 055：试用期内签订的培训服务期协议无效？

案例 056：员工在服务期内被违纪解除是否需要支付违约金？

案例 057：对培训出资的理解及与违约金的对应关系。

案例 058：企业对违约员工能同时主张违约金和赔偿金？

案例 059：劳动者违反服务期约定的，应当按照约定向用人单位支付违约金。

案例 060：劳动合同期满，但服务期尚未到期的，该如何处理？

主题 14　有关"保密和竞业限制"工作过程中最常发生的典型劳动纠纷案例

案例 061：没有保密协议是否就意味着员工不存在保密义务？

案例 062：企业能否在劳动合同期间提前支付竞业限制补偿金？

案例 063：企业违法在先员工就免除服务期和竞业限制义务？

案例 064：违反竞业限制义务的员工可能会被追究刑事责任？

案例 065：用人单位未支付竞业限制补偿金，竞业限制协议对劳动者无约束力。

主题 15　有关"劳动合同变更"工作过程中最常发生的典型劳动纠纷案例

案例 066：依据规章制度调薪与劳动合同的变更。

案例 067：变更劳动合同应遵循"协商一致"的原则。

案例 068：老板换了，劳动合同还有效吗？

主题 16　有关"劳动合同解除"工作过程中最常发生的典型劳动纠纷案例

案例 069：对不能胜任工作员工的认定与管理。

案例 070：定性化考核能认定员工不胜任工作吗？

案例 071：不能胜任工作的员工拒绝调岗被解职。

案例 072：员工辞职单位批准是协商解除还是单方解除？

案例 073：企业不支付奖金和津贴员工可以解除合同？

案例 074：何谓客观情况发生变化时企业可以解除合同？

案例 075：米果公司核心员工集体跳槽案。

案例 076：未提前 30 日通知会导致员工支付巨额赔偿？

案例 077：与其他单位建立劳动关系能否解除劳动合同。

案例 078：企业人文关怀与违法成本对比。

案例 079：柔性化协商解除人事经理劳动合同。

主题 17　有关"劳动合同终止"工作过程中最常发生的典型劳动纠纷案例

案例 080：员工退休劳动关系终止争议处理。

案例 081：劳动者被人民法院宣告失踪后又重新出现的，劳动合同应否继续履行？

主题 18　有关"离职程序"工作过程中最常发生的典型劳动纠纷案例

案例 082：员工离职程序瑕疵导致损害赔偿责任。

案例 083：高级管理人员提前 30 天提出离职可以吗？

案例 084：员工在提交书面辞职书以后能否撤销？

案例 085：员工未提前 30 天通知企业离职之法律追究。

主题 19　有关"经济性裁员"工作过程中最常发生的典型劳动纠纷案例

案例 086：经济性裁员与通常集体解除合同之差异。

案例 087：经济性裁员要符合法定流程。

主题 20　有关"经济补偿金"工作过程中最常发生的典型劳动纠纷案例

案例 088：何种情形不需要支付经济补偿金？

案例 089：经济补偿金中的月工资数额按照劳动者应得工资计算。

主题 21　有关"劳动仲裁"工作过程中最常发生的典型劳动纠纷案例

案例 090：仲裁委制作的调解协议在签收前仍可反悔。

案例 091：员工可以直接持调解协议书向法院申请支付令。

案例 092：哪些劳动争议可以向劳动争议调解仲裁机构申请仲裁？

案例 093：针对具体案件的劳动争议处理程序是怎样的？

案例 094：无纸化办公对举证责任带来的挑战。

案例 095：公司注册地与员工工作地不一致的，应由哪一地仲裁委管辖？

案例 096：当事人能否约定或自行选择管辖法院？

案例 097：仲裁时效是从终结劳动关系之日起计算吗？

案例 098：生效劳动争议裁决书如何申请执行？

案例 099：协商解决劳动争议也是纠纷解决的处理方式。

案例 100：仲裁庭裁决案件应遵循审限规定。

在做 HR 工作时，如果碰到劳动法律法规纠纷，请先厘清它属于上面 21 个主题中的哪一个，缩小范围，再回忆当初在学习和背诵劳动法律法规条款时，哪一条哪一款适用于这个案例。

切记，大家在学习典型常见的劳动纠纷案例时，最终要得到三个结论，这才是正确的学习案例的思路。哪三个结论呢？

1. 这个案例如果我是法官，我会怎么判？

2. 依据的法律条款是什么？

3. 如果我是案例中的 HR 或老板，我如何做才能防止同样事情发生？

第 5 步："从入职管理、在职管理到离职管理"全流程实操运用劳动法律法规

经过前面对劳动法律法规的理论知识和常见案例的恶补之后，你此时基本已是半个专家了。学习是为了应用，所以，更重要的还是要结合日常工作，将劳动法律法规实操运用于从新员工招聘、录用、入职到离职的整个 HR 工作流程中，防患于未然。能达到这一步，你才是真正的专家。

当年我在外企工作时，公司里有非常健全的从入职到离职所需要的全套法律文本模板。公司也非常关注这项工作，每一张表格都精心设计打磨，每一项工作都有配套的制度、流程和考察执行的表格。

作为HR"小白"或新人，你的脑海中必须有一个HR工作流程的框架结构。待你正式入行后，也要像当年的我一样，在工作中设计一份工作模板，它会让你的HR工作更加正规、有条理，具有专业性。

下面就是我在外企做HR时，学习完劳动法律法规后设计的从员工入职到离职的全套法律文本模板表格。

法律文本模板目录

1.《招聘简章》；

2.《录用通知书》；

3.《职位申请表》；

4.《签订书面劳动合同通知书》；

5.《劳动合同书范本》；

6.《大学生勤工助学协议书》；

7.《录用下岗、内退、退休人员的劳务合同书》；

8.《劳动合同签收备案表》；

9.《培训服务期协议》；

10.《保密协议》；

11.《竞业限制协议》；

12.《变更劳动合同协议书》；

13.《加班申请单》;

14.《假期申请单》;

15.《续订劳动合同意向通知书》;

16.《续订劳动合同意向通知书回复函》;

17.《警告通知书》;

18.《有通知期的辞职信》;

19.《无通知期的辞职信》;

20.《解除劳动合同协议书》(用人单位提出);

21.《解除劳动合同通知书及员工签收证明》;

22.《解除劳动合同证明书》;

23.《终止劳动关系通知书》(员工由于个人原因故意不签书面劳动合同时);

24.《终止劳动合同通知书及员工签收证明》;

25.《终止劳动合同证明书》;

26.《经济补偿金签收证明》。

第6步:学习后的行动计划——输出倒逼输入

经过上述对劳动法律法规的强化学习,你现在的劳动法律法规知识和应用能力已经大大超过市面上 60% 的 HR 了。但是,作为你的导师,我还要再逼你一下。俗话说,输出倒逼输入。

请把下面的文字发到你的微信朋友圈,才算正式完成第 6 步。

文字模板如下:

截至此刻，我结束了为期 30 天的劳动法律法规强化学习，我已经系统学习了所有劳动法律法规和条款及 100 个典型劳动纠纷案例。我的下一步行动计划是：从今天起，我就是朋友圈里的劳动法律法规专家，我愿意为我朋友圈里的所有朋友担任公益的劳动法律法规咨询师，欢迎你向我提问和咨询，我一定尽我所学为您提供专业解答。请为我点赞，集齐 30 个赞，我将正式完成这份行动计划。

第 7 步：欢庆时刻

做何事情，都要有仪式感，认真完成上述 6 步后，给自己一个小小的奖励，去看场电影，吃个大餐，买一件心仪的礼物或去郊外小游。

HR 新手最容易出错的 20 个劳动法律法规问题

学习了《劳动合同法》和《劳动合同法实施条例》，我们再看看平时讲课时学生们问我最多的 20 个问题，这些问题也是 HR 新手最容易感到困惑的问题。

问题 1：为什么要制订录用条件？

录用条件是用人单位在试用期内考核劳动者是否合格，进而决定是否在试用期内解除劳动合同的重要标准。

对用人单位在试用期内解除劳动合同的情况，《劳动合同法》从内容和程序上进行了严格的限制。用人单位在试用期内解除与劳动者之间的劳动合同最常用也最有效的条款就是"劳动者在试用期内被证明不符合录用条件"。但如果用人单位以此条理由解除劳动合同，则应当负有举证责任，必须有充分的证据证明劳动者不符合录用条件。因此，一份完备的录用条件能够有效降低用人单位的法律风险。

问题2：劳动者不与用人单位订立书面劳动合同的，用人单位该如何处理？

根据《劳动合同法实施条例》第五条的规定，自用工之日起一个月内，经用人单位书面通知后，劳动者不与用人单位订立书面劳动合同的，用人单位应当书面通知劳动者终止劳动关系，无须向劳动者支付经济补偿，但是应当依法向劳动者支付其实际工作时间的劳动报酬。

问题3：什么是服务期协议？服务期年限怎样确定？劳动合同期限与服务期不一致应如何处理？

服务期协议是明确用人单位与劳动者之间在服务期内权利义务关系的协议。

关于服务期的年限，《劳动合同法》没有具体规定，应当理解为服务期可以由劳动合同双方当事人协议确定。但是，用人单位在与劳动者协议确定服务期年限时应当体现公平合理的原则，不得滥用权力。比如只为劳动者提供为期1年、费用为5万元的专项培训，却约定10年的服务期，这显然是不合理的。

根据《劳动合同法实施条例》第十七条的规定，劳动合同期满，但是用人单位与劳动者依照《劳动合同法》第二十二条规定约定的服务期尚未到期的，劳动合同应当续延至服务期满；双方另有约定的，从其约定。

问题4：在什么情况下，劳动者违反服务期协议无须支付违约金？

根据《劳动合同法实施条例》第二十六条的规定，用人单位与劳动者约定了服务期，劳动者依照以下《劳动合同法》第三十八条规定的情况解除劳动合同的，不属于违反服务期的约定，用人单位不得要求劳动者支付违约金。具体情况如下：

1. 用人单位未按照劳动合同约定提供劳动保护或者劳动条件的；

2. 用人单位未及时足额支付劳动报酬的；

3. 用人单位未依法为劳动者缴纳社会保险费的；

4. 用人单位的规章制度违反法律、法规的规定，损害劳动者权益的；

5. 用人单位以欺诈、胁迫的手段或者乘人之危，使劳动者在违背真实意思的情况下订立或者变更劳动合同的；

6. 用人单位免除自己的法定责任、排除劳动者权利的；

7. 违反法律、行政法规强制性规定的；

8. 用人单位以暴力、威胁或者非法限制人身自由的手段强迫劳动者劳动的；

9. 用人单位违章指挥、强令冒险作业危及劳动者人身安全的；

10. 法律、行政法规规定劳动者可以解除劳动合同的其他情形。

问题5：在什么情况下，用人单位解除服务期协议，劳动者仍需支付违约金？

根据《劳动合同法实施条例》第二十六条的规定，有下列情形之一，用人单位与劳动者解除约定服务期的劳动合同的，劳动者应当按照劳动合同的约定向用人单位支付违约金：

1. 劳动者严重违反用人单位的规章制度的；

2. 劳动者严重失职，营私舞弊，给用人单位造成重大损害的；

3. 劳动者同时与其他用人单位建立劳动关系，对完成本单位的工作任务造成严重影响，或者经用人单位提出，拒不改正的；

4. 劳动者以欺诈、胁迫的手段或者乘人之危，使用人单位在违背真实意思的情况下订立或者变更劳动合同的；

5. 劳动者被依法追究刑事责任的。

问题6：用人单位未支付竞业限制补偿金，竞业限制协议的效力如何认定？

用人单位要求劳动者履行竞业限制是以其支付经济补偿为对价的，如果用人单位未支付竞业限制的经济补偿，却要求劳动者履行竞业限制的义务，这显然是违反了法律的公平原则。

最高院的司法解释也规定，用人单位与劳动者在劳动合同或者保密协议中约定了竞业限制和经济补偿，劳动合同解除或终止后，因用人单位的原因导致三个月未支付经济补偿，劳动者请求解除竞业限制约定的，人民法院应予支持。也就是说，如果用人单位三个月未支付经济补偿，劳动者就可以起诉到法院，请求解除竞业限制约定。

问题7：用人单位应按何种标准支付竞业限制的经济补偿？

《劳动合同法》中并没有关于竞业限制经济补偿标准的硬性规定，但最高院司法解释有一个托底性质的条款。司法解释规定，用人单位和劳动者在劳动合同或者保密协议中约定了竞业限制，但未约定解除或者终止劳动合同后给予劳动者经济补偿，劳动者履行了竞业限制义务，要求用人单位按照劳动者在劳动合同解除或者终止前 12 个月平均工资的 30% 按月支付经济补偿的，人民法院应予支持。前款规定的月平均工资的 30% 低于劳动合同履行地最低工资标准的，按照劳动合同履行地最低工资标准支付。

也就是说，用人单位和劳动者可以自行约定经济补偿标准，如果没有约定的，人民法院会按照劳动者在劳动合同解除或者终止前 12 个月平均工资的 30% 且不低于劳动合同履行地最低工资标准来确定月经济补偿的标准。

问题8：变更劳动合同的前提条件是什么？

根据《劳动合同法》第三十五条的规定，用人单位与劳动者协商一致，可以变更劳动合同约定的内容。根据本条的规定，在一般情况下，只要用人单位与劳动者协商一致，即可变更劳动合同约定的内容。

根据《劳动合同法》第四十条的规定，劳动合同订立时所依据的客观情况发生重大变化，致使劳动合同无法履行，经用人单位与劳动者协商，未能就变更劳动合同内容达成协议的，用人单位在提前三十日以书面形式通知劳动者本人或者额外支付劳动者一个月工资后，可以解除劳动合同。

由此可以确定，劳动合同订立时所依据的客观情况发生重大变化，是劳动合同变更的一个重要前提条件。

问题9："劳动合同订立时所依据的客观情况发生重大变化"主要是指哪些方面？

根据原劳动部办公厅《关于〈劳动法〉若干条文的说明》（劳办发〔1994〕289号）第二十六条的规定，《劳动法》第二十六条第三款中的"客观情况"是指：发生不可抗力或出现致使劳动合同全部或部分条款无法履行的其他情况，如企业迁移、被兼并、企业资产转移等，并且排除《劳动法》第二十七条所列的客观情况，即用人单位濒临破产进行法定整顿期间或者生产经营状况发生严重困难，确需裁减人员。

问题10：用人单位股东、法人变更的，是否会影响劳动合同的履行？

根据《劳动合同法》第三十三条的规定，用人单位变更名称、法定代表人、主要负责人或者投资人等事项，不影响劳动合同的履行。

问题 11: 在试用期内，用人单位能否随时解除劳动合同?

根据《劳动合同法》第二十一条的规定，在试用期中，除劳动者有本法第三十九条和第四十条第一项、第二项规定的情形外，用人单位不得解除劳动合同。用人单位在试用期解除劳动合同的，应当向劳动者说明理由。

也就是说，除非劳动者有下列情形之一，否则用人单位不得在试用期内解除劳动合同:

1. 劳动者在试用期间被证明不符合录用条件的;

2. 劳动者严重违反用人单位的规章制度的;

3. 劳动者严重失职，营私舞弊，给用人单位造成重大损害的;

4. 劳动者同时与其他用人单位建立劳动关系，对完成本单位的工作任务造成严重影响，或者经用人单位提出，拒不改正的;

5. 劳动者以欺诈、胁迫的手段或者乘人之危，使用人单位在违背真实意思的情况下订立或者变更劳动合同的，致使劳动合同无效的;

6. 劳动者被依法追究刑事责任的;

7. 劳动者患病或者非因工负伤，在规定的医疗期满后不能从事原工作，也不能从事由用人单位另行安排的工作的;

8. 劳动者不能胜任工作，经过培训或者调整工作岗位，仍不能胜任工作的。

问题 12：女职工在孕期、产期、哺乳期间，用人单位能否与其解除、终止劳动合同？

《劳动合同法》第四十二条规定，女职工在孕期、产期、哺乳期的，用人单位不得依照本法第四十条、第四十一条的规定解除劳动合同。也就是说，女职工在"三期"内，用人单位不得以无过失性辞退和经济性裁员的理由解除劳动合同，但如果女职工符合《劳动合同法》第三十九条规定的情形，用人单位是可以单方解除劳动合同的，具体如下：

1. 女职工在试用期间被证明不符合录用条件的；

2. 女职工在"三期"内严重违反用人单位的规章制度的；

3. 女职工在"三期"内严重失职，营私舞弊，给用人单位造成重大损害的；

4. 女职工在"三期"内同时与其他用人单位建立劳动关系，对完成本单位的工作任务造成严重影响，或者经用人单位提出，拒不改正的；

5. 女职工以欺诈、胁迫的手段或者乘人之危，使用人单位在违背真实意思的情况下订立或者变更劳动合同的，致使劳动合同无效的；

6. 女职工在"三期"内被依法追究刑事责任的。

问题 13：劳动合同期满后，用人单位不及时提出续订会有什么后果？

劳动合同期满后，因用人单位方面原因未办理终止或续订而形成事实劳动关系的，视为续订劳动合同，用人单位应及时与劳动者协商办理续订劳动合同手续，由此给劳动者造成损失的，用人单位应当依法承担赔偿责任。

劳动合同期满后，因用人单位方面原因未办理续订而导致劳动合同终止的，用人单位应当向劳动者支付经济赔偿。

问题 14：劳动者单方解除劳动合同，哪些情况下用人单位需支付经济补偿金？

根据《劳动合同法》第四十六条的规定，用人单位有下列情形之一，劳动者单方解除劳动合同的，用人单位需支付经济补偿：

1. 用人单位未按照劳动合同约定提供劳动保护或者劳动条件的；

2. 用人单位未及时足额支付劳动报酬的；

3. 用人单位未依法为劳动者缴纳社会保险费的；

4. 用人单位的规章制度违反法律、法规的规定，损害劳动者权益的；

5. 用人单位以欺诈、胁迫的手段或者乘人之危，使劳动者在违背真实意思的情况下订立或者变更劳动合同的，致使劳动合同无效的；

6.用人单位免除自己的法定责任、排除劳动者权利的，致使劳动合同无效的；

7.用人单位违反法律、行政法规强制性规定，致使劳动合同无效的；

8.用人单位以暴力、威胁或者非法限制人身自由的手段强迫劳动者劳动的；

9.用人单位违章指挥、强令冒险作业危及劳动者人身安全的；

10.法律、行政法规规定劳动者可以解除劳动合同的其他情形。

问题 15：用人单位单方解除劳动合同，哪些情况下需支付经济补偿金？

根据《劳动合同法》第四十六条的规定，用人单位在下列情况下单方解除劳动合同的，需支付经济补偿：

1.劳动者患病或者非因工负伤，在规定的医疗期满后不能从事原工作，也不能从事由用人单位另行安排的工作的；

2.劳动者不能胜任工作，经过培训或者调整工作岗位，仍不能胜任工作的；

3.劳动合同订立时所依据的客观情况发生重大变化，致使劳动合同无法履行，经用人单位与劳动者协商，未能就变更劳动合同内容达成协议的；

4.用人单位依照企业破产法规定进行重整，依法裁减人员的；

5.用人单位生产经营发生严重困难，依法裁减人员的；

6.企业转产、重大技术革新或者经营方式调整，经变更劳动合同后，仍需裁减人员的；

7.其他因劳动合同订立时所依据的客观经济情况发生重大变化，致使劳动合同无法履行，用人单位依法裁减人员的；

8.法律法规规定的其他情况。

问题 16：用人单位单方解除劳动合同，哪些情况下可以不支付经济补偿金？

在用人单位单方解除劳动合同（过失性辞退）时，根据《劳动合同法》第三十九条的规定，劳动者有下列情形之一的，用人单位可以解除劳动合同，且可以不支付经济补偿：

1.在试用期间被证明不符合录用条件的；

2.严重违反用人单位的规章制度的；

3.严重失职，营私舞弊，给用人单位造成重大损害的；

4.劳动者同时与其他用人单位建立劳动关系，对完成本单位的工作任务造成严重影响，或者经用人单位提出，拒不改正的；

5.以欺诈、胁迫的手段或者乘人之危，使用人单位在违背真实意思的情况下订立或者变更劳动合同的，致使劳动合同无效的；

6.被依法追究刑事责任的。

问题 17：劳动合同终止，哪些情况下用人单位需要支付经济补偿金？

根据《劳动合同法》第四十六条的规定，有下列情形之一的，劳动合同终止时用人单位需要支付经济补偿：

1.除用人单位维持或者提高劳动合同约定条件续订劳动合同，劳动者不同意续订的情形外，固定期限劳动合同因劳动合同期满而终止的；

2.劳动合同因用人单位被依法宣告破产而终止的；

3.劳动合同因用人单位被吊销营业执照、责令关闭、撤销或者用人单位决定提前解散而终止的；

4.以完成一定工作任务为期限的劳动合同因任务完成而终止的。

问题18：劳动合同终止，哪些情况下用人单位无须支付经济补偿金？

根据《劳动合同法》第四十四条的规定，有下列情形之一的，劳动合同终止时用人单位无须支付经济补偿：

1.固定期限劳动合同的劳动合同期满的；

2.劳动者开始依法享受基本养老保险待遇的；

3.劳动者死亡，或者被人民法院宣告死亡或者宣告失踪的；

4.法律、行政法规规定的其他情形。

问题19：如何计算经济补偿金？

根据《劳动合同法》第四十七条的规定，经济补偿按劳动者在本单位工作的年限，每满一年支付一个月工资的标准向劳动者支付。六个月以上不满一年的，按一年计算；不满六个月的，向劳动者支付半个月工资的经济补偿。

劳动者月工资高于用人单位所在直辖市、设区的市级人民政府公布的本地区上年度职工月平均工资三倍的，向其支付经济补偿的标准按职工月平均工资三倍的数额支付，向其支付经济补偿的年限最高不超过十二年。

问题 20：经济补偿金的月工资数额如何确定？

根据《劳动合同法》第四十七条的规定，本条所称月工资是指劳动者在劳动合同解除或者终止前十二个月的平均工资。

根据《劳动合同法实施条例》第二十七条的规定，《劳动合同法》第四十七条规定的经济补偿的月工资按照劳动者应得工资计算，包括计时工资或者计件工资以及奖金、津贴和补贴等货币性收入。劳动者在劳动合同解除或者终止前十二个月的平均工资低于当地最低工资标准的，按照当地最低工资标准计算。劳动者工作不满十二个月的，按照实际工作的月数计算平均工资。

劳动法律法规后续学习的建议及我的期望

学习是一个持续的过程，在强化学习之后，我们还要不断巩固更新知识内容和体系，那么，劳动法律法规的后续学习该如何安排？以下便是我的建议和我的期望。

我的建议

1. 要站在专业 HR 的思维角度，提高职业敏感度，关心媒体发布的与 HR 息息相关的劳动法律法规，及时学习新政策、更新电脑中的"我的劳动法律法规大全"。

2. 学习和研究完劳动法律法规和相关劳动纠纷案例后，找机会在公司内部给基层、中层管理人员分享基本的劳动法律法规知识，在外部做一个公益分享，写一些原创的关于劳动法律法规的文章，等等。

3. 多关注在北上广深等一线城市工作的 HR 从业者活动的网站，以及他们的自媒体平台，平时可以利用碎片化时间学习一些案例，增加见识。

4. 在 HR 工作岗位上有 3 年实战经验后，可以学习"员工关系管理""企业文化与团队建设实操"等相关课程，让自己的管理能力再上一个台阶，迎接更高阶 HR 岗位的挑战。

每个人的成长都需要"专业知识能力""实践操作能力"和"自我管理能力"。"专业知识能力"是我们分析问题的前提，是从事某项工作的基础；"实践操作技能"是我们解决问题的核心；"自我管理能力"决定了我们能否在一个领域里取得长足的发展，它包括积极的人生观、随时的自我觉察、时间管理、目标管理、终身学习的理念等品质。

我的期望

我学习劳动法律法规始于 1997 年，那一年我正式入行做 HR，跟所有 HR 新人一样，那时的我也是一个劳动法律法规"小白"。1997 年 6 月我入职飞利浦，我的上级非常严格且专业，其他区域的 HR 同事也都比我优秀。我下定决心一定要追赶上我的同事们，让我的 HR 经理对我刮目相看。

我在 1997 年 9 月这一个月的时间里，每晚 7：00—9：00 专门学习劳动法律法规，我认真执行了我在前文所讲述的"七步学习劳动法律法规"方案。当时，互联网才刚兴起，网络没有现在这么发达，资讯都要靠线下手工收集整理，所有国家法律法规都要去新华书店或劳动局人才市场一本本买或者复印回来，然后汇总、整理、抄写、背诵、研习案例。当然，这也离不开我的 HR 经理给我的支持和监督。她的监督方法极其"土"却有效，就是她会冷不丁地从香港办公室打电话给我，随机点一个劳动法律法规条款让我背。每次她随机出三道题，每周抽查三次，只有我全部答对，才代表这个法条过关。其实大家也可以用这个方法来自我监督。

一个月的强化学习，让我打好了劳动法律法规的基础，这些知识和技能也给我带来越来越多的回报——自信、专业、晋升、高薪。一晃 20 年过去了，感激刚入行时碰到那么专业和严格的 HR 经理，以及那么多优秀的同事，她们是我的领路人，给我指明了方向并陪伴我成长。

现在，经过时间检验的简单方法和工具都在这本书里了，我已受益良多。俗话说，只有被验证过的成功经验才真正有价值。那么，接下来如何学习和利用这些知识，就看你们的了。

参考文献

1. 郭继东，曹燕玲.教育人力资源管理的历史演变与未来走向［J］.上海教育科研，2011（2）：25-27.

2. 郑文力.论企业人力资源管理的未来走向［J］.工业技术经济，2002（4）：18-19.

3. 刘计华.人力资源管理趋势与创新［J］.中国电子商务，2010（6）：318-319.

4. 唐晓华.走向新时代的人力资源管理［J］.中国工业经济，1998（3）：67-69.

5. 马海刚，彭剑锋，西楠.HR+三支柱：人力资源管理转型升级与实践创新［M］.北京：中国人民大学出版社，2017.

6. 陈佳贵.现代企业管理理论与实践的新发展［M］.北京：经济管理出版社，1998.

7. 赵慧军.现代管理心理学［M］.北京：首都经济贸易大学出版社，2012.

8. 安鸿章.现代企业人力资源管理［M］.北京：中国劳动社会保障出版社，2003.